Ischl.

GUIDE

A TRAVERS LE

SALZKAMMERGUT

ET

ISCHL EN PARTICULIER

AVEC UNE VUE D'ISCHL, DES PLANS D'ISCHL ET DE GMUNDEN
ET UNE CARTE DU SALZKAMMERGUT.

1895.

ISCHL ET GMUNDEN

E. MÄNHARDT

LIBRAIRE-ÉDITEUR.

Ischl.

Tarif des voitures.

1º De la gare, aller :

		1 cheval		2 chev.	
		fl.	kr.	fl.	kr.
à Ischl	le jour	—	60	1	—
	la nuit	—	80	1	40
à Kaltenbach, Reiterndorf, Kaiserdorf, Steinbruch, Stein-feld	le jour	—	80	1	50
	la nuit	1	20	1	80

Aller et retour entre la gare et :

		1 cheval		2 chev.	
Ischl (valable 1 heure)	le jour	1	—	1	50
	la nuit	1	40	2	—
Kaltenbach, Kaiserdorf, Stein-bruch, Reiterndorf	le jour	1	20	1	80
	la nuit	1	50	2	30
Pour chaque quart d'heure en plus de l'heure		—	20	—	30

Les petits colis qu'on peut prendre avec soi dans
la voiture ne paient rien ; les gros bagages
paient 10 kr. pièce.

2º Aller ou aller et retour d'Ischl à :

	1 cheval		2 chev.	
Aussee* (4 heures)	7	—	12	—
Ecluse Chorinsky (Chorinsky-Klause) (1 h. $^3/_4$)	4	50	8	20
Ebensee (2 h.)	5	50	9	50
Sanct-Gilgen (3 h.)	6	15	10	80
Gmunden (4 h. $^1/_2$)	8	10	13	70
Gosaumühle (2 h.)	5	50	9	50
Gosau, Brandwirth (3 h. $^1/_2$)	7	15	12	30
Gosau-Schmied (4 h.)	8	15	14	30
Hallstatt (2 h. $^1/_2$)	6	10	10	50
Lac de Langbath (3 h. $^1/_2$)	8	10	14	20
Lac d'Offensee (4 h.)	8	10	14	20
Scharfling* (4 h.)	8	15	14	20
Schwarzenbach (1 h. $^3/_4$)	5	—	8	20
Steinkogl (1 h. $^3/_4$)	5	10	8	40
Traunkirchen (2 h. $^1/_4$)	6	60	11	20

* Pour Aussee ou pour Scharfling, les voyageurs doivent payer un
attelage supplémentaire qui coûte, pour Aussee : un cheval, 2 fl. 20, deux
chevaux, 3 fl. 40.

	1 cheval		2. chev.	
	fl.	kr	fl.	kr
3º Aller et retour d'Ischl à:				
Ausser-Weissenbach (2 h. ½)	6	50	11	50
Steg (1 h. ½)	5	—	8	30
Strobl (1 h. ½)	5	—	8	40
Sanct-Wolfgang (2 h.)	5	60	9	50
Goisern, Langwies, Nussensee, Perneck,				
pour toute la journée	5	—	8	—
pour une demi-journée	4	—	6	—
4º Aller simple à:				
Ausser-Weissenbach	5	—	9	—
Perneck	3	—	5	—
Steg	3	30	6	—
Strobl	3	30	6	—
Sanct-Wolfgang	4	—	7	—
5º D'Ischl à:				
Laufen, Rettenbachmühle, Schneiderwirth, Inner-Weissenbach	2	—	3	50
Pour chaque quart d'heure d'attente	—	20	—	30
6º D'Ischl à l'établissement hydrothérapique:				
Aller	—	60	1	—
Aller et retour dans l'espace d'une heure	1	—	1	80
7º Courses à l'intérieur du bourg:				
Le jour	—	40	—	80
La nuit	—	70	1	20
8º D'Ischl à:				
Kaltenbach, Kaiserdorf, Steinfeld, Steinbruch, Reiterndorf, ou réciproquement,				
le jour	—	60	1	—
la nuit	—	80	1	50

Les taxes de péage sont à la charge des voyageurs.

Dans tous les prix indiqués ci-dessus, le pourboire est compris. Ces prix sont valables pour quatre personnes s'il s'agit d'une voiture à deux chevaux, et pour deux personnes s'il s'agit d'une voiture à un cheval.

La nuit, toutes les voitures doivent être éclairées.

Il est défendu aux cochers, sous peine d'amende, de réclamer, sous quelque prétexte que ce soit, un prix supérieur à celui du tarif ci-dessus. Si le cas se présentait, prière d'en donner avis, afin qu'on puisse, par une punition sévère, empêcher le retour de ces infractions au règlement.

Tarif des bains et inhalations.

Bain en pleine eau 80 kr.
Bain en baignoire . 50 „
Bain avec effet de
vagues . . . . . 90 „
Bain de vapeur russe 90 „
Bain de vapeur d'eau
salée . . . . . 90 „

Bain de pieds ou bain
de siège avec eau
salée . . . . . 30 kr.
Usage des appareils
de douche et du
bassin de natation 40 „
Friction . . . . . 50 „

Additions d'eau salée ou de boue, par litre, 1 kr.; d'eaux-mères ou d'eau sulfureuse, par litre, 2 kr.; d'extrait d'aiguilles de pins ou de résine conifère, par 5 grammes, 1 kr.

Inhalations d'eau salée pulvérisée, dans la salle commune, 40 kr., dans une cabine séparée, 55 kr.; inhalations d'aiguilles de pins ou de résine conifère, dans la salle commune, 35 kr., dans une cabine séparée, 50 kr.; usage de l'appareil pneumatique, 50 kr.

Tarif des procédés hydrothérapiques.

		fl.
1o	Friction	— 50
2o	Demi-bain	— 60
3o	Douche	— 40
4o	Friction avec demi-bain	— 80
5o	Friction avec douche	— 60
6o	Demi-bain avec douche	— 60
7o	Enveloppement dans un drap mouillé . . .	1 —
8o	Massage	— 50

Pourboire réglementaire: au garçon, pour chaque opération, 10 kr.

N. B. Pour user des moyens curatifs 2, 4, 6, 7, il est nécessaire de fournir une ordonnance spéciale d'un médecin.

Adresses.

Agence de location de logements: *M. Heuschober*, Salzburgerstrasse, 5.

Agence de voyages:
Franz Städler, hôtel de la Poste.
Jos. Stöger, place Kaiser Ferdinand, 12.

Avocat: *Eduard Benoni*, docteur en droit, Schulgasse, 5.

Bains:

bain Gisela (aux environs de l'ancien casino), place Kaiser Ferdinand, 11, et quai Stéphanie, 7.

bain Rudolf, à l'extrémité du jardin Rudolf.

bain Wirer (près l'ancien casino), place Kaiser Ferdinand, 1.

bain de vapeur des salines et établissement d'inhalation, Dampfbadgasse, 4.

école de natation (et de gymnastique), près Ischl, à côté de la route d'Ebensee.

établissement hydrothérapique des Drs Hertzka et Winternitz, Kaltenbachstrasse, 38.

établissements de bains froids (dans l'Ischl) de M. Födisch, Ischlleithengasse, 24; de M. Pamesberger, près le moulin dit Plassmühle.

Bureau des bains: près le bain Wirer, place Kaiser Ferdinand, 1.

Bureau de placement et de renseignements: *Heuschober*, Salzburgerstrasse, 5.

Cabinet de lecture: à la librairie *E. Mänhardt*, Pfarrgasse, 11.

Cafés:

Ramsauer, vis-à-vis de l'hôtel de la Poste.

Rehhagen: sur l'Esplanade.

Walter, sur l'Esplanade.

Leopold, „zur Rudolfshöhe", à l'extrémité de l'Esplanade, près la halte de chemin de fer Kaltenbach; place de lawn-tennis et de crocket, jeu de quilles, tir, etc.

Casino (le nouveau): dans le jardin Wirer.

Change: *H. Gottwald*, Kreuzplatz, 25.

Commissionnaires: (voir **Porteurs**).

Confiséries:

Zauner, Pfarrgasse, 7

Walter, Esplanade.

Pichler, place Kaiser Ferdinand, 3.

Hippmann, Kreuzplatz.

Etablissement de gymnastique orthopédique et de massage: Kreuzplatz, 24.

Expéditeurs:

Franz Stadler, hôtel de la Poste.

Joseph Stöger, place Kaiser Ferdinand, 12.

Guides: chez le porteur *Hirsch*, Talachinigasse, 3.
Hôpital général, tenu par des Sœurs de charité, Brenner-
  strasse, 7.
Hôtels:
  hôtel *Elisabeth*, sur la place Franz Carl.
  ancien hôtel *Bauer*, sur une hauteur près de la Salz-
      burgerstrasse.
  hôtel *de la Poste*, avec jardin, Poststrasse.
   „   *Goldenes Kreuz*, avec jardin, Kreuzplatz.
   „   *Bairischer Hof*, avec jardin, place Erzherzog Franz
      Carl.
   „   *Victoria*, avec jardin, Pfarrgasse.
   „   *Habsburgerhof* (aussi pension de famille) avec jardin-
      restaurant, sur l'Esplanade.
   „   *Rudolfshöhe* (aussi pension de famille), jardin-res-
      taurant, café, bains, à l'extrémité de l'Esplanade,
      près de la halte de chemin de fer Kaltenbach.
   „   *Franz Carl*, avec jardin, Salzburgerstrasse.
   „   *Austria*, avec jardin, sur l'Esplanade.
   „   *Goldene Krone*, avec jardin, Salzburgerstrasse.
   „   *Goldener Stern*, Kreuzplatz.
   „   *Schwarzer Adler*, Grazerstrasse, 10.
  hôtel garni *Athen*, Kreuzplatz, 17.
   „   „   *Ramsauer*, Poststrasse, 8.
   „   „   *Heuschober*, Kreuzplatz, 1.
  pension de famille *Flora* (avec bains), Kaltenbach, 60.
   „   „   „   des Drs *Hertzka et Winternitz*, à Kalten-
      bach.
  auberge *Drei Mohren*, Grazerstrasse, 4.
   „   *Goldener Ochs*, Grazerstrasse, 4.
   „   *Stadt Prag*, Stiegengasse.
   „   *Zum wilden Mann*, Nestroyweg, 2.
Jardins-restaurants:
  hôtel *Austria*, sur l'Esplanade.
  avec salon, hôtel *Franz Carl*, Elisabethstrasse.
  hôtel *Goldene Krone*, Salzburgerstrasse.
  Rudolfshöhe, à l'extrémité de l'Esplanade.
  hôtel *Victoria*, Pfarrgasse.
Leçons de musique, d'allemand et autres langues:
  renseignements à la librairie *E. Mänhardt*.
Librairie littéraire, artistique et musicale: *E. Mänhardt*, Pfarrgasse, 11.

VIII

Location de musique : *E. Mänhardt*, Pfarrgasse, 11.

Liste des étrangers : paraît en juin et en septembre chaque mardi, jeudi et samedi ; en juillet et en août, chaque jour. On s'abonne à la librairie *E. Mänhardt* et à l'imprimerie *Plasser*, Schulgasse, 5.

Mairie (Secrétariat de la) : quai Stéphanie, 9, et place Kaiser Ferdinand, 9.

Médecins (par ordre d'ancienneté) :

Dr *Leopold J. Heinemann*, docteur en médecine et en chirurgie, Wirerstrasse, 4.

Dr *Hermann Stieger*, docteur en médecine et en chirurgie, conseiller aulique, directeur des établissements thérapeutiques, place Kaiser Ferdinand, 10.

Dr *Heinrich Hertzka*, docteur en médecine et en chirurgie, directeur de l'établissement hydrothérapique, Kaltenbachstrasse, 38, et Wirerstrasse, 14.

Dr *Victor Pfost*, docteur en médecine et en chirurgie, conseiller aulique, médecin des salines et du chemin de fer, directeur de l'hôpital, quai Rudolf, 6.

Dr *Jacques Schütz*, docteur en médecine et en chirurgie, Esplanade, 8.

Dr *Max Mayer*, docteur en médecine et en chirurgie, spécialiste pour dames, Poststrasse, 4.

Dr *Alfred Winternitz*, Kaltenbachstrasse, 38, et Wirerstrasse, 14.

Dr *Isidor Stein*, directeur de l'établissement de gymnastique orthopédique et de massage, Kreuzplatz, 24.

Seraphin Scheiring, maître en chirurgie et accoucheur, Kreuzplatz, 4.

Dr *Emil Rosenthal*.

Dr *Joseph Kirchhammer*, dentiste.

Notaire : *Hans Gaberle*, Elisabethstrasse, 12.

Objets d'art :

à la librairie *E. Mänhardt*, Pfarrgasse 11.

chez *Wiesinger*, anciennement *Frauenlob*, Poststrasse, 2.

Opticiens :

Paul Kleemann, Pfarrgasse, 7.

Feiglstock, place Franz Carl.

Pharmacien : *Albert Velissky*, Kreuzplatz, 20.

Photographes:
Hinteregger, nouvelle Salzburgerstrasse.
Krziwanek, Esplanade, 10.
Markowsky, allée Franz, 6.
Neuss, allée Franz, 4.

Porteurs de chaises (en même temps commissionnaires et guides): Talachinigasse, 3, et Schulgasse.

Poste et télégraphe: Bahnhofstrasse.

Société alpestre d'Allemagne et d'Autriche, section Salz-kammergut. Fournit tous les renseignements désirables sur les excursions et les guides. A, dans la salle de lecture du Casino, une collection spéciale de publications litté-raires alpestres.

Théâtre: Kreuzplatz.

Organisation des principales excursions aux environs d'Ischl.

Excursions d' ¼ d'h. ou d' ½ h.: Schmalnau; Gstätten; Sophiens Doppelblick*; Calvarienberg*; Ahornbühel; Pfandl; Siriuskogl*; Bachwirth à Reiterndorf; Sterzens Abendsitz*; Traxleck; Rettenbachmühle et Rettenbach-wildnis.

De ¾ d'h. à 1 h.: Dachstein-Aussicht*; cascade Hohen-zollern; vallée de Jainzen; Lindau; ruine de Wilden-stein*; Laufen; Perneck.

D' 1 h. ½ à 2 h.: lac de Nussensee; Zimitz-Wildnis; mine de sel du Salzberg; pacage de Rettenbach; Jainzenberg; Sattelau; pacage de Seiherbach; Goisern; Langwies.

D'une demi-journée: Hoisenrad-Alpe et Kolowratshöhe; Hütteneck-Alpe; Predigtstuhl; Hochmuth; écluse Cho-rinsky; Gosaumühle; Hallstatt et chute de Waldbach-strub; Strobl avec Sanct-Wolfgang et le lac de Schwarzen-see; Steinkogl et Offensee; Ebensee et les lacs de Lang-bath; Weissenbach avec la chute de Schwarzenbach, le lac de Schwarzensee, Strobl, Sanct-Gilgen et Mondsee.

---

* Belle vue.

X

D'une journée : Hainzen.
Zimitz.
Hohe Schrott.
Anzenau, Hochkalmberg et Goisern.
Steg, Sanct-Agatha, Sarstein et Obertraun.
Gosaumühle, Plassen et Hallstatt.
Gosau, Zwieselalpe et Gosausee.
Hütteneck, Raschberg et Aussee.
Aussee, Grundlsee, Toplitzsee, Kammersee et Alt-Aussee.
Rettenbach et Fludergraben, Loser, Alt-Aussee et Aussee.
Schwarzensee, Burggraben et Weissenbach.
Chute de Kesselbach, Halleswiese et Weissenbach.
Weissenbach, Unterach, See, Scharfling, Sanct-Gilgen,
    Sanct-Wolfgang et Strobl (comprenant 3 lacs).
Ebensee, Kranabethsattel et lacs de Langbath.
Ebensee et Erlakogl.
Gmunden et Traunfall.
Strobl, Sanct-Gilgen, Sanct-Lorenz et Salzbourg.

De deux jours : Sanct-Wolfgang, le Schafberg, Scharfling,
    See, Unterach, Kammer et Gmunden.
Anzenau, Gamsfeld, Wilde Kammer et Strobl.
Schönberg (Wilden Kogl), Wildensee et Aussee.
Hallstatt, le Dachstein et Gosau.
Post-Alm, Hochzinken, Genner-Alpe et Strobl.

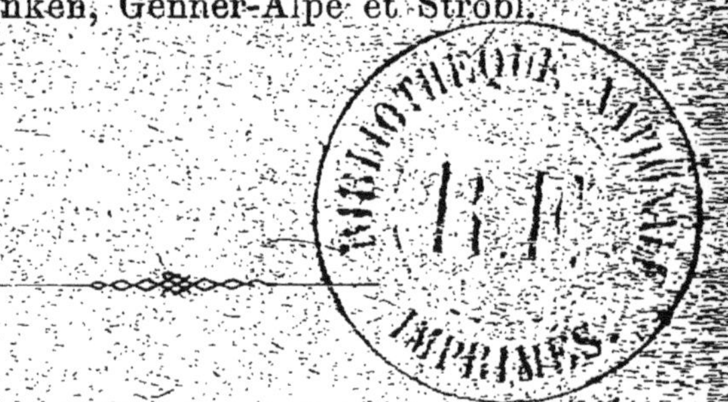

Le Salzkammergut.

Le Salzkammergut, pour la quantité des beautés naturelles qu'il offre dans un étroit espace, trouve à peine une contrée rivale dans les Alpes. Il est situé (par rapport au méridien de Greenwich) de 47° 29′ à 47° 51′ de latitude nord et de 31° 8′ à 31° 30′ de longitude est, et embrasse une une superficie d'environ 900 kilomètres carrés. Auparavant domaine impérial des salines, il forme maintenant la partie sud de la sous-préfecture de Gmunden dans la province de Haute-Autriche, et confine à l'ouest au duché de Salzbourg, à l'est et au sud à la province de Styrie dont la partie limitrophe, avec Aussee comme point central, est appelée Salzkammergut styrien.

Le Salzkammergut appartient tout entier au bassin de la Traun, qui, après avoir avec son plus important affluent, l'Ischl, sortant du lac de Sanct-Wolfgang, arrosé les deux principales vallées de la contrée, va se jeter dans le Danube à Zizlau près de Linz, après un parcours de presque 150 kilomètres.

Parmi les vallées latérales, celle de Gosau seulement est importante au point de vue du nombre des habitants, car les vallées des deux

Weissenbach, de Rettenbach, de Langbath et de Rinnbach n'offrent que des fermes isolées et des chalets.

Les principaux massifs du Salzkammergut sont avant tout : celui du Dachstein (d'une superficie d'environ 900 kilomètres carrés et s'élevant jusqu'à 3000 mètres) au point de rencontre des frontières de Haute-Autriche, de Salzbourg et de Styrie, avec ses ramifications : le Hirlatz, le Krippenstein et le Plassen ; puis ceux du Sarstein, des montagnes de Ramsau, le Sandling, le Kattergebirge, le Todtes Gebirge avec le Schönberg ou Wildenkogl et la Hohe Schrott, la Zimnitz, le Schafberg, les masses rocheuses du Höllengebirge et du Traunstein.

Quantité de lacs s'offrent aussi dans ce petit espace, et remarquables presque tous par l'aspect gracieux ou sauvage de leurs rives. Au premier rang, ceux de Gmunden et de Hallstatt, qu'escortent dignement ceux de St-Wolfgang, de Grundlsee et d'Altaussee, et d'autres plus petits : le Töplitzsee, les lacs de Gosau, l'Offensee, les lacs de Langbath, le Schwarzensee et le Nussensee. Les grands lacs voisins d'Attersee et de Mondsee, quoique n'appartenant pas, à proprement parler, au Salzkammergut, sont compris de même dans le cadre de ce guide, comme lieux d'excursions très en vogue.

De grandes routes bien entretenues, trois lignes de chemins de fer et diverses compagnies de navigation à vapeur offrent des communications suffisantes de tous côtés. Le chemin de fer du Salzkammergut (partie de la ligne Kronprinz Rudolf), ouvert en 1877, traverse la contrée du nord au sud et sert de route d'entrée à ceux qui arrivent de l'Allemagne du nord ou des pays du sud. Les visiteurs venant de Vienne ou de l'est emploient la ligne de l'ouest autrichien puis l'embranchement de Lambach à Gmunden, ou bien, à partir d'Attnang, le chemin de fer Rudolf. Enfin, de l'ouest, une ligne locale terminée en 1893, venant de Salzbourg et passant le long des lacs de Mondsee et de St-Wolfgang, amène directement à Ischl.

Le nombre des habitants du Salzkammergut est d'environ 36.000, tous de race allemande. 31.000 appartiennent à la religion catholique, le reste à la confession protestante.

Au milieu du Salzkammergut et, à cause de cela, dans la situation la plus commode pour les excursions à travers la contrée, se trouve

Ischl

à 474 mètres au dessus du niveau de la mer Adriatique, au confluent de la Traun et de l'Ischl, dans une vallée entourée de hautes montagnes : au nord, le Gesprang et la Zimnitz ; à l'est, la Hohe Schrott ; au sud et à l'ouest, le Salzberg, le Predigtstuhl et le Kattergebirge le garantissent des vents violents et expliquent son importance comme station climatérique. A cet avantage s'ajoute encore celui de forêts étendues (pour la plupart forêts de conifères).

Histoire. Le nom d'*Iscala* ou *Ischila* (c'est-à-dire Eschelbach, le Ruisseau de l'Eschl) vient les Celtes. La présence des Romains à Ischl, qui faisait alors partie de leur province *Noricum ripense*, est attestée par quelques

monnaies romaines et par une pierre tumulaire chrétienne,
encastrée dans la tour de l'église (côté sud) et portant
l'inscription suivante:

ROMANVS
MATERNI
FV . IVS . SI
E ROMNÆ
ARCENO
NIÆ . CON
Θ AN
LXXX
B. M.

(Romanus, fils de Maternus, à Romana Arcenonia,
son épouse, morte dans sa 80e année. En bienheureuse
mémoire.)

Déjà de très bonne heure, se trouvaient ici des salines,
probablement dans les environs du petit hameau actuel de
Pfandl, qui tire son nom de cette particularité (*Pfanne*
veut dire: chaudière); c'est ce qui résulte d'un document
de l'an 900, fixant une redevance annuelle des „chaudières
du pays de l'Ischel" au couvent de Traunkirchen. Aux
XIIe et XIIIe siècles, le rendement du sel était déjà assez
important. En 1392, Ischl reçut, en récompense de sa
fidélité dans un soulèvement des ouvriers des salines de
Hallstatt et de Laufen, le titre de bourg libre; l'empereur
Frédéric IV lui accorda des droits encore plus étendus
et l'empereur Maximilien, en 1514, lui conféra des armes:
trois cimes de montagnes avec un chamois passant et un
frêne (la légende dit qu'une grande forêt de frênes (*esche*)
couvrait précédemment toute la vallée). Les orages de la
Réforme se firent sentir à Ischl, comme dans tout le
Salzkammergut, de la façon la plus sensible: déjà en
1550, le bourg était, ainsi que les localités environnantes,
en grande partie protestant; le juge du lieu, entre autres,
Schwarzl, était un zélé prosélyte de la Réforme. A la
suite de l'ordonnance impériale, en 1600 et 1601, d'abolir
l'exercice de la religion protestante, se produisit un soulèvement, qui fut réprimé par les troupes de l'archevêque
de Salzbourg, sous la conduite de Kaspard von Stadion.
Le bourg perdit ainsi ses privilèges, qui ne lui furent
rendus qu'en 1628. De 1609 à 1624, l'exercice de la religion
protestante fut de nouveau possible en Salzkammergut.

comme dans tout le reste de la monarchie. Dans la guerre de la Succession d'Autriche sous Marie-Thérèse, Ischl eut beaucoup à souffrir et fut fort opprimée par les Bavarois, qui occupaient toute la Haute-Autriche; et dans les dix premières années de ce siècle, les passages des troupes françaises et les contributions levées par elles éprouvèrent le bourg et aussi l'exploitation de sa mine.

Seulement une dizaine d'années plus tard, commença pour Ischl, et même pour tout le Salzkammergut, une phase importante de développement, par suite de l'élévation d'Ischl au rang de ville d'eaux: grâce aux efforts des Drs Wirer, Götz et de quelques autres hommes de mérite, l'attention du monde médical et même des profanes fut attirée sur l'importance d'Ischl, ses eaux salées fortifiantes, sa parfaite convenance comme lieu de cure et de bains. Le Dr Franz Wirer, chevalier de Rettenbach, *rector magnificus* de l'Université de Vienne, érigea lui-même en 1821 le premier établissement de bains d'eaux salées (le premier de ce genre en Autriche) et s'employa de toutes façons et par tous les moyens qu'il avait en son pouvoir, au développement et à la prospérité de la nouvelle ville d'eaux. Ischl lui est redevable du jardin Rudolf, du parc Wirer, de l'Esplanade, ainsi que de la fondation qui porte son nom et qui a permis de faire toutes les installations existant aujourd'hui pour le traitement des maladies; aussi, en reconnaissance, il a élevé à son bienfaiteur, en 1838, un buste colossal dans le parc Wirer.

Ce qui, aussi, ne contribua pas médiocrement à la rapide et croissante prospérité d'Ischl, ce fut la faveur dont l'honora la famille impériale d'Autriche, car ses souverains l'ont visité régulièrement depuis 1827 et la Cour y installe sa résidence chaque année depuis 1854. Cette faveur, jointe à la situation d'Ischl et à ses établissements curatifs, ont valu au bourg sa renommée universelle.

Récemment, on s'est efforcé par la construction d'un abattoir, d'un aqueduc fournissant une eau excellente, et d'égouts, d'offrir aux visiteurs la garantie d'un lieu de villégiature sain et agréable.

La commune d'Ischl se compose du bourg lui-même, sur la rive gauche de la Traun, et de la partie située de l'autre côté, appelée Gries, ainsi que des hameaux limitrophes de Kaltenbach, Ahorn, Lindau, Kreutern, Haiden, Jainzen, Rettenbach, Perneck, Reiterndorf et Sulzbach, et comprend ainsi 8700 habitants (le bourg lui-même, avec ses faubourgs en compte 5300). C'est le siége d'un tribunal d'arrondissement, d'un bureau de poste et de télégraphe, d'une administration des salines et des forêts.

Ressources thérapeutiques d'Ischl.

Ce sont principalement les bains, les inhalations, les eaux prises comme boissons, et ces moyens sont usités dans les troubles de la nutrition et de la formation du sang, dans la scrofulose, le rachitisme, les catarrhes chroniques des voies respiratoires, au début de la phtisie et de la tuberculose, des maladies de reins, dans les exsudations de la cavité stomacale ou abdominale, les maladies des femmes, l'hystérie, etc.

Les **bains** sont fournis par les *bains Gisela, Rudolf, Wirer* et les *bains de vapeur des salines*. On donne des bains avec addition d'eaux salées, d'eaux-mères, d'extrait d'aiguilles de pins des Alpes, d'eaux de sources sulfureuses, de bourbe sulfureuse des mines de sel, de boue, de fer, d'iode, etc., et aussi des bains de vapeur russes et des bains de vapeur d'eau salée avec bassin de natation. Un établissement hydrothérapique pour hommes et pour dames a été aussi installé récemment, de même qu'un établissement pour bains d'air chaud. (Les bains sont ouverts de 5 h. du matin à 8 h. du soir; les bains russes et de vapeur d'eau salée, à l'établissement des salines, de 7 h. du matin à midi pour les hommes, et de midi à 1 h. pour les dames; la salle de douches et le bassin de natation, de 1 h. de l'après-midi à 6 h. du soir. L'école de natation est ouverte, pour les hommes, de 6 h. à 9 h. ½ du matin et de midi à 8 h. de soir; pour les dames, de 9 h. ½ à midi).

Les **établissements d'inhalation** se trouvent avec les bains de vapeur des salines; (de 7 h. à 11 du matin pour les inhalations d'eau salée et d'aiguilles de pins des Alpes; de 10 h. du 1 h. de matin à l'après-midi pour celles d'aiguilles de pins; la salle des appareils pneumatiques, de 7 h. du matin à 6 h. du soir).

Pour le tarif des bains et des inhalations, voir page V.

Dans le voisinage des bains, sur la place Kaiser Ferdinand, est la **buvette** avec promenoir, où chaque jour, de 6 h. à 10 h. du matin, on sert du petit-lait de vache, de brebis et de chèvre, des sirops de plantes, et les eaux des sources salées existant à Ischl même, ainsi que toutes les autres eaux minérales. Là aussi se trouve la caisse des établissements des bains et d'inhalation. Pour tous les bains et inhalations, sauf pour les bains de propreté et les bains de vapeur russes, il faut, outre la carte d'entrée, une ordonnance du médecin, car, sans cela, le personnel des bains ne peut pas procurer les moyens curatifs ci-dessus indiqués.

En dehors de ces établissements, il y a encore celui d'*hydrothérapie* de MM. les Drs Hertzka et Winternitz à Kaltenbach, une *école de natation*, divers établissements de bains sur l'Ischl et un *établissement de gymnastique orthopédique.*

Tout ce qui concerne les traitements curatifs et les intérêts des hôtes d'Ischl est sous la direction du Comité des bains (*Cur-Commission*); président: M. Georg Gschwandtner, bourgmestre de la ville.

Le directeur de tous les établissements curatifs est M. le Dr Hermann Stieger, médecin des salines. — Le bureau des bains se trouve près du bain Wirer, au n° 15.

La „**saison**" s'étend du 1er juin au 30 septembre.

La **taxe de séjour** s'élève, pour un séjour de plus de 21 jours, à 8 florins par personne; pour la femme, à 3 florins; pour les enfants, l'institutrice ou autres serviteurs de rang élevé, à 1 florin; pour les domestiques, à 50 kreutzers. Pour un séjour de moins de 3 semaines, on compte à partir du quatrième jour, pour chaque personne membre de la famille ou serviteur de première catégorie, 1 florin par semaine (les domestiques ne paient rien), et en cas de paiement de la taxe entière, on déduit les sommes déjà acquittées par semaine. Le paiement a lieu par l'entremise du logeur.

La **taxe pour la musique** (du 15 juin au 15 septembre) est, pour un séjour de plus de 3 semaines, de 3 florins par personne, de 1 fl. pour la femme, les enfants et les serviteurs de première catégorie. Les domestiques ne paient rien.

Places, rues et monuments publics.

A la sortie de la gare, on arrive dans Ischl par la *Bahnhofstrasse*, magnifique allée ombreuse, passant devant le *jardin* et les *bains Rudolf*, le bureau de la poste et du télégraphe, et aboutissant à la *place Kaiser Ferdinand* où sont la *buvette*, les *bains Wirer* et *Gisela,* et l'*église catholique.* Cette dernière, un important monument construit sous Marie-Thérèse et restauré de 1877 à 1880, renferme des fresques remarquables de Georg Mader (mort en 1881) et offre à l'extérieur, au côté sud de la tour, la pierre romaine mentionnée plus haut.

Dans le *jardin Rudolf* (où se trouve le buste de l'archiduc Rudolf, en son vivant cardinal-archevêque d'Olmütz, un des bienfaiteurs d'Ischl) l'orchestre des bains joue tous les matins de 7 h. à 8 h., ou, en cas de mauvais temps, dans la salle de la buvette.

Dans un bâtiment attenant à la buvette, une collection de tableaux sur Ischl depuis les temps anciens jusqu'à nos jours; (ouverte, dans la semaine, de 9 h. à midi et de 2 h. à 6 h. Cartes d'entrée au bureau des bains).

Par la *Pfarrgasse,* la rue la plus animée et la plus commerçante d'Ischl, où se trouvent l'hôtel Victoria et vis-à-vis, au n° 11, la librairie E. Mänhardt, on arrive à la *place Franz Carl,* où sont les hôtels Elisabeth et de la Cour de Bavière (Bairischer Hof). Au milieu de la place, une joli *fontaine* exécutée d'après les dessins de Hanns Greil, est élevée à la mémoire de l'archiduc Franz Carl (mort en 1878). qui visita Ischl durant de longues années et 'en fut le bienfaiteur, et à celle de son épouse, l'archiduchesse Sophie.

A droite, la *Wirerstrasse,* avec le grand bâtiment de la Conservation des salines impériales et royales (siège aussi de la Conservation des forêts) et le tribunal d'arrondissement. A gauche, le *Curpark,* offrant le buste colossal du Dr Wirer (mort en 1844), qui fit tant pour Ischl; un petit pavillon avec appareils météorologiques, et le *Casino*, bâti à grands frais en 1875. Dans le parc, concerts chaque après-midi, de 4 h. $\frac{1}{2}$ à 6 h., et, deux fois par semaine, de 7 h. à 9 h. du soir.

Au coin nord-ouest du Curpark, un *bazar* avec toutes sortes de marchandises.

La *place de la Croix (Kreuzplatz)* avec les hôtels de la Croix (Kreuz) et de l'Etoile (Stern), la pharmacie et le *théâtre* (représentations du 1er juin au commencement d'octobre). Dans la *Schulstrasse*, partant de la Kreuzplatz, le *musée*, situé dans l'école des filles, offrant une riche collection des curiosités concernant particulière- ment le Salzkammergut (ouvert les mardi, jeudi et samedi, moyennant une carte d'entrée de 20 kr., qu'on délivre à la caisse des bains)

A droite du théâtre et allant jusqu'à l'église, la *Poststrasse*, avec l'hôtel de la Poste. A gauche, la *Götzstrasse* (où se trouve, à gauche, l'entrée de la villa de l'empereur)

A l'ouest de la place Franz Carl, sur la rive gauche de la Traun, s'étend l'*Esplanade Sophie*, la plus belle et la plus animée des pro- menades d'Ischl. L'orchestre des bains y joue tous les jours de midi à 1 h., et, le mardi et le vendredi, de 4 h. $\frac{1}{2}$ à 6 h. L'esplanade, animée alors par le va et vient des étrangers, des dames aux élégantes toilettes, offre un tableau plein de vie qui rappelle les promenades des grandes villes. Près du kiosque de la musique, une petite statue: *la déesse Hygie*. Les salles et le jardin du café Walter sont le rendez-vous du monde élégant.

Le prolongement de l'Esplanade forme l'*allée Franz Carl*, au milieu de jolis parcs. On passe devant une suite d'élégantes villas. parmi lesquelles l'hôtel-pension Habsburger Hof vis-à-vis du *monument de Hasner*, érigé en 1893; plus loin, à droite, sur une hauteur, l'hôtel-pension et le café Rudolfshöhe. Tout proche de là, la halte: Kaltenbach-Ischl, du chemin de fer local.

De Kaltenbach, la *Brennerstrasse* conduit à travers Eglmoos (en passant devant l'église de l'hôpital et l'hospice général) à la *Salzburgerstrasse* et à l'*Ischlleiten*, qui partent ensemble de la Kreuzplatz.

Dans le voisinage de la gare, la maison de retraite des vieillards. l'église et l'école protestantes. De l'autre côté du pont dit Johannesbrücke, l'école de natation et l'établissement de gymnastique.

Le bourg est relié à *Gries*, sur la rive droite de la Traun, par un grand pont de bois sur pilotis et par deux plus petits — Avant de traverser le pont, sur la rive gauche, le *quai Stéphanie* avec l'hôtel Elisabeth, auparavant Casino, et les bâtiments des salines. — De l'autre côté du pont, à gauche le *quai Rudolf*, à droite le *quai de la Traun*. La *Grazerstrasse* (avec le restaurant Brandhuber) mène à travers Reiterndorf (à gauche, embranchement pour Rettenbachmühle et Perneck) à Laufen Sur ce chemin, l'hôpital Charitas, le cimetière. l'orphelinat et la villa Sickingen.

Les amateurs de pêche à la ligne recevront des permissions chez le fermier de la pêche, l'hôtelier Franz Koch (hôtel Elisabeth). — L'entrée des lieux de tir de la ville est accordée gratuitement aux amateurs de tir à la cible (entrée par la Wirerquellgasse).

Promenades aux environs d'Ischl [1].

Ischl offre une quantité extraordinaire de promenades et d'excursions. De bonnes routes de voitures, soigneusement entretenues, et des sentiers ombreux conduisent à de charmants endroits de repos et à de beaux points de vue sur la vallée et les montagnes. De sombres forêts avec des gorges rocheuses et des cascades alternent avec des prairies semées de fleurs, et, au point de vue de cette variété de décor dans le paysage, on ne trouverait pas facilement une autre ville d'eaux qui pût surpasser Ischl.

Nous commencons par indiquer les petites promenades toutes proches ; avant tout il faut citer :

la **villa impériale et son parc**, ravissamment situés sur la rive gauche de l'Ischl et au pied du Jainzenberg, avec la vue de toute la vallée et de l'énorme massif du Dachstein dressé dans le ciel. Cette résidence sert chaque année, depuis 1854, de lieu de villégiature à la famille impériale. Le parc, avec un cottage en marbre d'Ischl, est dans le goût anglais ; la villa, d'un style simple, renferme, entre autres, les trophées de chasse de Sa Majesté. La visite de la villa (pour laquelle il est nécessaire de s'adresser aux bureaux de l'inspecteur, dans le bâtiment des écuries) et l'entrée du parc sont permises pendant l'absence de la Cour.

Par la Götzstrasse et le pont appelé Johannesbrücke, on atteint en 10 minutes la **Kleine**

---

1. Les chiffres entre parenthèses près des endroits d'excursion indiquent la distance d'Ischl à pied, calculée pour une marche moyenne.

ISCHL und UMGEBUNG.

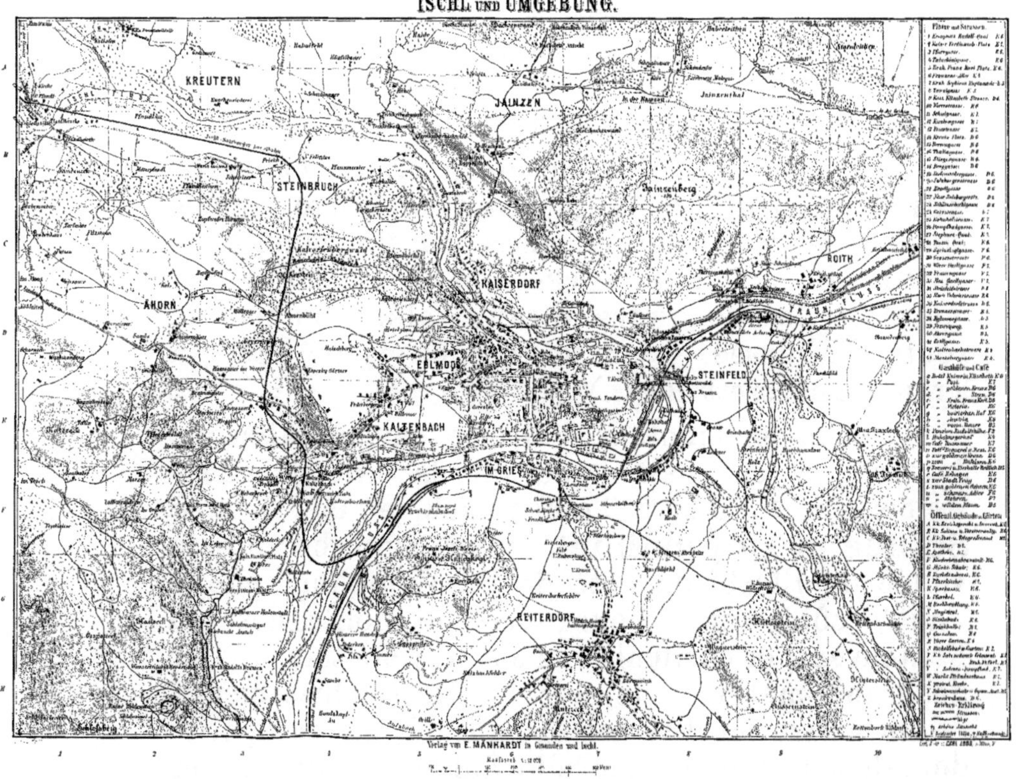

Schmalnau ou *panorama Caroline*, un petit restaurant fréquenté, offrant une belle vue sur Ischl
et le Dachstein, et que, à cause de sa proximité
de la gare (6 min.), nous recommandons particulièrement à ceux qui ne s'arrêtent que peu de
temps à Ischl.

D'ici, en 20 minutes, à la **Neue** ou **Grosse
Schmalnau**, un autre endroit pour se reposer
et se rafraîchir, très fréquenté à cause de sa
vue et de sa situation abritée du soleil.

En descendant la vallée de la Traun, l'auberge
zur Gstätten (¹/₂ h.); jardin ombragé, bonne
cuisine. — On y arrive aussi en 25 minutes à
partir du Johannesbrücke, par le sentier recouvrant les conduites d'eaux salées ou par la
-route d'Ebensee. (Sur un rocher isolé dans la
Traun, une *croix dorée*.)

De là, en montant à droite par la vallée de
Jainzen et en passant devant la laiterie Saar-
steiner, en ³/₄ d'h. à Trenkelbach, et en ¹/₂ h. à
Sophiens Doppelblick. Vue superbe sur la
vallée de l'Ischl du côté de St-Wolfgang, et, de
l'autre côté, sur le bourg avec les montagnes qui
l'entourent, et particulièrement le Dachtein; à voir
de grand matin ou le soir. — Rafraîchissements.
— On arrive ici directement d'Ischl, en une petite
demi-heure, par la nouvelle Salzburgerstrasse, et
en passant, au-delà du pont, devant la brasserie
Redlich puis, à gauche, par Kaiserdörfl.

Si l'on franchit l'aréte de la colline, un
sentier, passant devant quelques maisons épar-
pillées, *Trenkelbach*, conduit à un petit kiosque, dit
la **vue du Dachstein** (¹/₄ d'h), et, quelques pas

14

plus loin, à la **cascade Hohenzollern** (remarquable seulement après plusieurs jours de pluie ou au commencement de l'été). Retour par Trenkelbach, Sophiens Doppelblick, ou, à droite, par la vallée de Jainzen et Gstätten; ce dernier chemin (1 h. $^1/_2$) est plus recommandé.

Zimitz-Wildnis et **Eiskapelle** (2 h.). Par la Salzburgerstrasse et le pont devant l'usine à gaz, puis en remontant la rive gauche de l'Ischl, on arrive à l'auberge *zur Zimitz-Wildnis*. D'ici, un chemin indiqué par des signes en couleur mène en $^1/_2$ h. à la Zimitz-Wildnis, une gorge pittoresque, où l'on trouve souvent jusque vers la fin de l'été d'énormes amas de neige et de glace formant une grotte dite **Eiskapelle** (grotte de glace) d'où jaillit le torrent de Zimitz. Pour le retour, suivre, à partir de l'extrémité de la vallée, la rive droite du torrent à travers des bosquets et des prairies jusqu'à Pfandl, et d'ici revenir à Ischl en chemin de fer ou à pied par Ahornbühel.

Le **Calvarienberg** ($^1/_4$ d'h.) offre une belle vue d'Ischl. On y monte de l'ancienne Salzburgerstrasse, à droite de l'entrée de l'ancien Hôtel Bauer. De là, à gauche, en $^1/_4$ d'heure, par la forêt, à

Ahornbühel, un groupe de superbes érables aux épais ombrages (bon café Mülleger). Le chemin qui y amène directement du bourg en 25 minutes passe par la Brennerstrasse et l'Ahorngasse devant l'ancien hôtel Bauer. — D'Ahornbühel, un chemin, à droite, mène, à travers la forêt et des champs, à

Pfandl (25 minutes d'Ischl), sur la Salzburgerstrasse, halte du chemin de fer pour Strobl.

Autre chemin partant de la chapelle du Calvarienberg, à droite, dit *sentier de Bauernfeld*, à travers
une épaisse forêt de sapins.

D'Ahornbühel, à gauche, chemin vers **Lindau**
(1 h. ¼ d'Ischl). Café et laiterie. Retour par la
route des voitures (sans ombre, mais offrant une
belle vue) passant devant la Rudolfshöhe (pension
et café-restaurant) et aboutissant à l'Esplanade.

On peut joindre facilement à l'excursion de Lindau
la visite de **Nussensee** (1 h. ½), petit lac enfermé dans
une forêt: on prend, à gauche de la route de Lindau, le
chemin indiqué „*zum Nussensee*" et par un sentier ombreux
(mais marécageux après les pluies) on arrive en ¾ d'h.
au lac. — Une nouvelle route partant de l'auberge Schneider-
wirt sur la Salzburgerstrasse permet de faire toute cette
excursion en voiture. — De la halte de chemin de fer
d'Aschau, on atteint le lac en 35 minutes. (A l'extrémité
ouest du lac, petite auberge.)

L' **Esplanade Sophie** avec ses prolonge-
ments: l'allée Franz, le Kaiser Ferdinand-Morgen-
weg (Promenade matinale de l'empereur Ferdinand),
la promenade Franz Carl et le chemin recouvrant
l'aqueduc des salines, conduit presque à plat et
toujours à l'ombre aux plus belles promenades
en forêt qui s'étendent d'Ischl à Laufen. Le long
du chemin, divers points de vue et de repos: les
places *Metternich, Erdödi, Caroline,* l'*Herminenruhe,*
l'*Ugarte's Andenken.* Près de la villa Waldeck, à
droite, on monte en ¼ d'heure à la place *Kaiser
Franz Josef,* d'où l'on a une belle vue.

Près de la place Metternich, halte *Kaltenbach-Ischl* du chemin de fer local.

Sur la rive gauche de la Traun, la *Kalten-
bach-Au,* avec des promenades ombreuses.

A la suite de la promenade Franz Carl, à gauche, *l'établissement hydrothérapique* des Docteurs Hertzka et Winternitz, et quelques pas plus loin, *l'établissement de pisciculture artificielle.*

Ici, à droite, un embranchement du chemin monte à la ruine de l'ancien **château de Wildenstein** (1 h. d'Ischl). La vue qu'on a de là compense grandement la fatigue que pourrait causer cette ascension assez roide.

Au delà de l'établissement hydrothérapique, jolis bosquets avec la *fontaine Rudolf.*

Le chemin qui recouvre l'aqueduc des salines passe par des forêts ombreuses d'où l'on a vue sur Ischl et les montagnes, longe des murailles de rochers à pic et, traversant le pont de la Traun, arrive en 1 heure à

Laufen (auberge zum Rössl (Aigner), avec jardin, très fréquentée).

Laufen est une très vieille localité, dont le nom est cité déjà au IXe siècle. Son église est fameuse comme lieu de pèlerinage; il s'y trouve une statue de Vierge, exécutée par l'archevêque de Salzbourg Thiemo au XIe siècle. Excursions recommandées au *Calvarienberg* (¼ d'h.) et à la *Laufner-Höhe* (¼ d'h.) qui offre une belle vue sur la vallée de Goisern et sur une partie du Todtes Gebirge.

Un des plus beaux panoramas d'Ischl est celui qu'on a du **Siriuskogel** ou **Hundskogel** (25 min.). Le chemin qui y conduit traverse le pont de la Traun, suit la Grazerstrasse et la Siriuskoglgasse, et, après avoir passé devant l'auberge du Prater grimpe au flanc de la colline. La vue qu'on a du haut de la tour dite *Franz Josef-Warte* construite au sommet est très belle[1]. En

---

1. On peut se procurer au restaurant à côté, et dans les librairies le dessin de ce panorama, exécuté par F. Mühlbacher.

redescendant, on peut aussi se diriger à droite vers *Reiterndorf* (auberge zum Bachwirt avec jardin) et revenir à Ischl par la Grazerstrasse.

La **Rettenbach-Mühle** (½ h.) est accessible par deux chemins. Le plus commode est celui qui passe sur le pont près de la gare et ensuite monte à droite devant quelques maisons parmi des champs, puis traverse une forêt de sapins et aboutit enfin à droite au „moulin" (jardin-restaurant renommé).

A une distance de 50 pas du dernier pont, en descendant la rive droite du torrent, la *place Pollak* et le *monument des princes Gagarine,* noyés ici en 1868.

A ¼ d'h. plus loin, sur la rive droite du torrent de Rettenbach, la **Rettenbach-Wildnis,** une gorge pittoresque et sauvage, au-dessus de laquelle passe un pont. — Pour revenir, on peut prendre un second chemin, qui, après avoir traversé ce pont, mène à l'endroit dit *Sterzen's Abendsitz,* puis par la Grazerstrasse ramène à Ischl. (En faisant l'excursion en sens inverse, remarquer que la ramification qui mène de la Grazerstrasse à la *Sterzen's Abendsitz* se trouve vis-à-vis de l'auberge Brandhuber, près du jardin de la villa Landauer).

Promenades plus éloignées et excursions de montagne.

Sur le **Salzberg** (966 m.) par la Grazerstrasse jusqu'à Reiterndorf (¼ h.) puis, à travers une forêt et la charmante vallée du Sulzbach

18

où coule ce torrent (au delà de celui-ci est le sentier
Valérie qui mène au point de vue de même
nom). en ³/₄ d'h. à *Perneck* et aux constructions
des mines. S'adresser ici si l'on veut visiter la
mine de sel. Vis-à-vis, au-dessous de la forge de
la mine, les *cascades Rosa*. 15 minutes d'ascension
assez roide jusqu'aux galeries minières dites
Ludovica-Stollen, où l'on entre dans la mine sur
une sorte de petit chariot, après avoir revêtu
les habits de mineur.

La mine de sel d'Ischl est en exploitation depuis
1563, et produit chaque année environ 300.000 quintaux
de sel. Chaque étranger peut visiter la mine, qui comprend
12 galeries; si l'on n'en a jamais vu, cette visite, qui
demande environ 1 h. ½, est très recommandée. Pour
voir la mine éclairée, il faut payer 5 florins. — Comme
la température à l'intérieur des galeries est très basse,
il faut particulièrement faire attention à n'y entrer que
suffisamment refroidi, et on fera bien, en faisant l'ascension de la montagne, de se donner tout le temps voulu
afin de ne pas trop s'échauffer.

On peut joindre facilement à cette excursion
l'ascension peu fatigante et très recommandée
(3 h.) de la **Hütteneck-Alpe** (1276 m.; guide,
1 fl. 50) Le chemin (muni de signes indicateurs)
part des constructions des mines sur le Salzberg
et conduit par la *Reinfalzalpe* (1020 m.; 1 h. ½)
aux huttes-abris et à l'auberge de la Hütteneck-
Alpe, où l'on trouve du vin, de la bière et des
mets froids. Magnifique panorama[1]. On peut revenir par Gschwandalm et Losern jusqu'à Goisern
(2 h.; chemin marqué en rouge, marécageux après

---

1. On trouve à la librairie Mänhardt, à Ischl, des
gravures coloriées de ce panorama, d'après le dessin de
M. L. Beständig (2 fl. 50).

les pluies); puis, par la route (2 h.) ou par le chemin de fer, retour à Ischl.

Comme suite de cette excursion, il faut recommander l'ascension du **Sandling** distant de 2 h. ½ de la Hütteneck-Alpe (1716 m ; à 5 h. ½ d'Ischl; guide, 4 fl.) Le chemin, indiqué jusqu'au sommet, passe par le *Hohen Raschberg*, le chalet du Vordersandling, et d'ici grimpe au plateau, d'où l'on a une vue superbe. On peut redescendre de la Sandlingalpe par Moosberg, puis, au-devant de la ruine Pflinsberg, à Alt-Aussee; mais un guide est nécessaire.

La **Kolowratshöhe** (1105 m ; à 2 h. ½ d'Ischl; guide, 1 fl. 30) et la **Hoisenradalpe.** Du moulin de Perneck, monter à gauche, par un chemin commode, à la Hoisenradalpe (1 h.) et de là, en ½ h , au sommet. Belle vue sur la vallée de l'Ischl du côté de St-Wolfgang.

La **Predigtstuhl** ou **Thörlwand** (1276 m.; à 3 h. d'Ischl; guide, 1 fl. 30). L'ascension s'en fait du Salzberg, en prenant, à partir des bâtiments de la mine, le chemin marqué en rouge qui passe devant la forge de la mine puis par la Rossmoosalpe (2 h. ¼) et, de là, monte en ¾ d'h. à la cime. Panorama encore plus grandiose que de la Hütteneck-Alpe, n'étant pas resserré, comme pour celle-ci, par de hautes murailles au nord et à l'est. Cette excursion est, dans les environs d'Ischl, celle qui paie le mieux de la peine prise.

Pour aller à la **Rettenbach-Alm** (pacage de Rettenbach) (2 h.) on suit d'abord le chemin qui mène à la Rettenbach-Wildnis, puis la rive gauche et ensuite la rive droite du torrent par la route de montagne. Le pacage n'est habité qu'au commencement de l'été ou à la fin de l'automne.

On va au **Jainzenberg** (830 m.; 1 h. ¹/₄) par le parc impérial et par un chemin assez escarpé. L'ascension de la montagne n'est permise qu'en l'absence de la Cour et qu'avec une permission de l'inspecteur.

La **Saigerbach-Alpe** (1050 m ; 2 h. ¹/₂; guide, 1 fl. 30). Par la route à travers Kaisersdorf puis par Sophiens-Doppelblick et la Dachstein-Aussicht, d'où part un chemin avec indications.

La **Chorinsky-Klause** (3 h.) Par la route ou par le chemin de fer jusqu'à la station d'Anzenau; de là, par le pont de la Traun et la vallée supérieure de Weissenbach, on arrive en 1 h. ¹/₂ à la Chorinsky-Klause, gigantesque écluse fermant la vallée dans le but d'arrêter le bois jeté des montagnes dans le torrent. Les jours et heures du très intéressant spectacle de l'ouverture des portes de l'écluse sont annoncés à Ischl.

D'Anzenau aussi, au **Hochmuth** ou **Jochwand** (à 2 h. ¹/₂ d'Ischl et 1 h. ¹/₄ d'Anzenau). Par le chemin qui mène à la Chorinsky-Klause, environ 20 minutes derrière l'auberge de Weissenbach, prendre à gauche (le chemin est indiqué) un sentier de forêt d'abord pierreux, montant doucement jusqu'au point de vue, d'où l'on a un coup d'œil magnifique sur Goisern, les montagne d'Aussee et le lac de Hallstatt.

———

Des excursions de montagnes plus importantes, qui nécessitent, surtout pour les personnes in-

expérimentées, la conduite d'un guide, sont celles
au Hainzen, à la Hohe Schrott, au Hüttenkogl et
à la Zimitz.

Le **Hainzen** (1637 m.; à 3 h. ½ d'Ischl;
(guide, 3 fl., aller et retour, 4 fl.). On monte de
la promenade Franz Carl derrière la villa Wal-
degg, où commencent les signes indicateurs; par
un chemin commode on atteint en 2 h. ½ la
Katteralpe, et de là, en 1 h, par le Feuerkogl et
le Kattereck, on arrive au sommet. (Là, dans une
boîte de fer blanc, se trouve un registre où
peuvent s'incrire les touristes). Vue sur le groupe
eu Dachstein, les massifs du Höllengebirge, du
Todtes Gebirge et du Tännengebirge, les lacs de Hallstatt, de St-Wolfgang, le Zellersee, le Schwarzensee et le lac de Gmunden. D'ici on peut descendre
en 2 heures au Nussensee (voir page 15) par un
chemin en pente rapide, muni d'indications, ou
en 1 h. ½ au Ahornfeld (chalets), puis par la
vallée de Schiffau à l'auberge *zur Wacht* (station
de chemin de fer du même nom), à 1 h. ½ à
pied d'Ischl.

La **Hohe Schrott** (1786 m.; à 4 h. d'Ischl;
guide, 3 fl.) Le chemin traverse le pont près de
la gare, puis par *Traxleck*, où commencent les
signes indicateurs, mène à la première cime de
la Hohe Schrott (1783 m.). Vue magnifique, principalement sur le Todtes Gebirge, le Höllengebirge,
le Dachstein et le massif éloigné des Tauern,
ainsi que sur la plaine. Par la crête de la montagne (chemin non indiqué), on atteint en 1 h. ¼
le second sommet, le *Mittagskogl* (1786 m.), offrant
la même vue. Descente par la Mitterkaaralm à
la Rettenbachmühle en 2 h. ½ (chemin indiqué).

22

Le **Hüttenkogl** ou **Gamskogl** (1409 m.; à 4 h. d'Ischl; guide, 3 fl.) On y monte de la maison du garde-forestier dans la vallée de Rettenbach par un chemin à gauche, conduisant en pente roide aux chalets; de là, en $\frac{1}{2}$ h, à la cime, où l'on jouit d'un superbe panorama de montagnes.

La **Zimitz,** dont le plus haut sommet est le *Leonsberg-Zinken* (1743 m.; à 4 h. $\frac{1}{2}$ d'Ischl, guide, 3 fl. 50). Chemin indiqué, passant par la Zimitz-Wildnis mentionnée ci-dessus (page 14) et conduisant à la Schüttalm (2 h. $\frac{1}{2}$), d'où l'on monte en 2 h. au sommet. Panorama magnifique, semblable à ceux du Hainzen et de la Hohe Schrott.

Le **Schwarzensee** (711 m.; à 4 h. d'Ischl) est un lac solitaire situé entre les sommets de la Zimitz et du Schafberg. Pour y aller, prendre le chemin de fer jusqu'à Strobl, et de là, aller par la grande route à Schwarzenbach (auberge), d'où un chemin indiqué, passant devant la chute du Schwarzenbach, mène en 2 heures au lac.

On recommande beaucoup de descendre du Schwarzensee à *Burgau* ou à *Weissenbach* au bord de l'Attersee (3 h.). De la rive nord du Schwarzensee, on va en 1 h. $\frac{1}{2}$ à la paroi à pic du *Burggraben-Wand*, et de là on descend par le pittoresque sentier de *Burggraben* à Loser, d'où un chemin commode mène, à gauche, à Unterach, et, à droite, à Burgau et à Weissenbach. Ne pas omettre la visite de la gorge pittoresque et grandiose dite *Burggraben-Klamm*, terminée par une chute d'eau. Le chemin pour y aller est indiqué depuis le pied du Burggraben.

Une excursion fatigante, mais très recommandée à cause de son incomparable panorama, est l'ascension du **Wilden Kogl** ou **Schönberg,** appartenant au groupe du Todtes Gebirge (2093 m.;

à 7 h. $\frac{1}{2}$ d'Ischl ; guide, 6 fl.). A cause de sa situation, on a de là une vue qui, en Salzkammergut, n'est dépassée que par celle du Dachstein[1].

Monter par la Rettenbach-Alm à la *Schwarzenberg-Alm* (5 h.) où est le rendez-vous de chasse du prince Hohenlohe. Y passer la nuit, et de grand matin monter par le Feuchterkogl au sommet (2 h. $\frac{1}{2}$). — Descendre ou bien à Alt-Aussee (5 h.) ou bien, par Gimbach, à la station de Steinkogl (4 h. $\frac{1}{2}$).

Goisern et Hallstatt.

A **Anzenau** par la route ou le chemin de fer, au delà de *Laufen* (voir page 16).

D'ici, excursions de montagne (guides : Jos. Scheutz, aubergiste, Neubacher) au **Hochkalmberg** (1831 m. ; 3 h. $\frac{1}{2}$; guide, 3 fl.) ; monter par le Hochmuth et la Schartenalpe (chemin indiqué, 5 heures) ou plutôt de Goisern par Ramsau ;

au **Gamsfeld** (2024 m. ; 7 h. ; guide, 6 fl.) par la Chorinsky-Klause, la Knallhütte, la Thörl et l'Angerkaar-Alpe ; ascension fatigante, mais sans danger et très recommandée à cause de son imposant panorama.

Enfin très intéressante excursion d'Anzenau à Strobl (7 h. ; guide, 3 fl., indispensable) par la Chorinsky-Klause, la gorge romantique dite **Wilden Kammer** et le chemin passant devant le rendez-vous de chasse du comte Paar.

A 20 minutes d'Anzenau,

Goisern, la plus grande paroisse protestante du Salzkammergut, se composant de plusieurs hameaux disséminés dans la vallée (4152 habitants, dont 2717 protestants ; 2 églises, une catholique

---

1. Panorama du Schönberg, dessiné par F. Mühlbacher, à la librairie E. Mänhardt. (Prix : 80 kr.)

24

et une protestante). Auberges: Goiserer Mühle, à
5 minutes de la gare, très fréquentée surtout
pour y prendre du café au lait; zur Wartburg;
Georg Peter; Sydler (zum Bären) et l'hôtel garni
près de la gare.

Goisern était autrefois une colonie romaine, témoin
les monnaies romaines trouvées ici. A la place de Goisern
dut exister aussi Gessodunum, la ville des anciens Boïens,
qui fut détruite par les Huns et par des inondations.

Suivant d'anciennes chroniques, Goisern aurait été
au temps du Christ une ville appelée Goisernburg, et
un roi païen, Goiseram, y aurait résidé dans un château,
nommé Reichenstein; le frère de ce monarque, Seborg,
roi de Grèce, ayant été baptisé par l'apôtre saint Paul,
vint avec celui-ci à Goisernburg, et le roi Goiseram avec
sa famille et tous ses sujets furent convertis par l'apôtre
au christianisme. En l'an 120 après J.-Ch., un évêché et
six couvents furent fondés à Goisernburg.

Dans les environs se trouvaient quatres mines d'or,
une d'argent et deux de cuivre, et on trouvait aussi du
minerai de plomb.

D'après la légende, tout cela fut détruit par l'arrivée
d'un dragon, qui vomit une-telle quantité d'eau que la
résidence de Reichenstein, la ville de Goisernburg, ses
monastères et ses habitants furent engloutis.

Cette localité est un lieu de villégiature très
aimé des étrangers pendant la „saison". Plusieurs
promenades, parmi lesquelles celle qui recouvre
l'aqueduc des salines est la plus fréquentée à
cause de sa situation à plat et de son ombrage.
Sur la rive gauche de la Traun, magnifiques
forêts de sapins avec points de vue et lieux
de repos.

A ¼ d'heure de Goisern, dans la direction
d'Anzenau, la source iodo-sulfureuse Marie-Valérie,
surgie en 1884 d'une fissure de 656 mètres de
profondeur, et qu'on a utilisée comme moyen

curatif par l'installation d'un établissement de bains, auquel est adjoint un restaurant. (Médecin des bains: Dr Kubinger).

Derrière Goisern, la route se divise et mène, à gauche, par le hameau St-Agatha et la Pötschenhöhe, en 3 h. ½ à Alt-Aussee et à Aussee; à droite, par Stammbach, en 1 h. au **lac de Hallstatt** (long de 8170 m., large de 2128 m. et profond de 425 m.; à 494 m. au-dessus du niveau de la mer.)

Au bord du lac et au débouché de la Traun, **Steg** (station de chemin de fer). Auberge zum Schiff. Bateaux à rames pour aller à Gosaumühle et à Hallstatt.

On fait l'ascension de la montagne voisine du **Sarstein** (1973 m.; 4 h.; guide, 4 fl. 50) de la Pötschenstrasse d'où le sentier (indiqué) monte en 3 h. au pacage dit Niedere Sarstein-Alm, où sont quatre chalets, et de là au sommet. Panorama grandiose, surtout à cause de la vue des massifs du Todtes Gebirge et du Dachstein.

De Steg par le chemin de fer (s'asseoir à droite) à la halte Gosaumühle, et en 5 minutes par bateau à rames, ou en ¾ d'h. par la route suivant la rive du lac, à

Gosaumühle, à l'embouchure du torrent de Gosau dans le lac de Hallstatt. Hôtel renommé. D'ici, l'on se rend à la *vallée* et aux *lacs de Gosau*, et à la *Zwieselalpe* (voir plus loin). Depuis 1875, une bonne route de voitures, en partie taillée dans le roc, conduit en ¾ d'h. de Gosaumühle à Hallstatt.

Un sentier très recommandé et très joli recouvrant l'aqueduc des salines (on y monte vis-à-vis les hüttes-abris des canots; il y a un poteau indicateur) conduit de Steg par *Gosauzwang* — un pont haut de 43 mètres et large de

133, franchissant la vallée de Gosau et servant d'aqueduc — à Gosaumühle puis à *Hallstatt* (1 h. ½) et à la tour dite *Rudolfsthurm* (2 h.).

Hallstatt, station de chemin de fer pour le bourg de même nom situé sur la rive opposée. Un bateau à vapeur (correspondance avec tous les trains de jour, hiver comme été) sert de communication (8 min.). Incomparablement belle est la vue qu'on a de la station sur le bourg étagé en terrasse au flanc de la montagne escarpée, et au milieu duquel le Mühlbach se précipite en cascades pittoresques du haut des murailles à pic du Salzberg, dans une gorge dite la Hölle (l'Enfer). Tout en haut, sur une saillie de rocher du Salzberg, trône la *Rudolfsthurm.*

Hallstatt, situé à 497 mètres au dessus du niveau de la mer Adriatique, compte 1100 habitants et fut élevé au rang de bourg en 1311, à l'époque où l'impératrice Elisabeth, veuve d'Albert I, y résidait. C'est le siège d'une conservation des salines et des forêts, d'un bureau de poste et de télégraphe et d'une école professionnelle pour la sculpture sur bois et les travaux en marbre (ouverte en 1873). Le bourg a deux églises: l'*église catholique,* de style gothique, qui existait déjà en 1320, est bâtie sur une haute terrasse rocheuse, d'où l'on a une belle vue sur le lac; elle possède un remarquable portail de marbre, une fresque représentant saint Christophe, et deux magnifiques autels à volets dans le style gothique, l'un du seizième siècle, dû au sculpteur Léonard Astl, l'autre exécuté en 1889 par l'école professionnelle de Hallstatt. Autour de l'église, le cimetière, où se trouve une chapelle avec une *crypte* curieuse (*ossuaire* contenant quantité de crânes, qui, d'après une date gravée dans la pierre, existait déjà en l'an 1000). — L'*église protestante*, de style gothique tout simple, est au bord du lac et fut construite en 1863, grâce à l'appui de puissants bienfaiteurs. Sur la Marktplatz, une belle *colonne de la Trinité*, en pierre taillée. — De l'hôtel Seeauer, sur la place du débarcadère, où l'on peut se procurer des guides et des montures, service régulier d'omnibus du 1ᵉʳ juillet au 31 août pour la vallée de Gosau. (Départ, correspondant avec l'arrivée du premier train du matin, à 7 h. $^1/_4$; prix, 1 fl. 50; aller et retour, 2 fl.). — Voitures particulières à un cheval jusqu'à Gosauschmied aller et retour, au printemps et à l'automne, 6 fl.; à deux chevaux, 8 fl.; pendant la „saison", 8 et 12 fl., pourboire compris.

A *Lahn*, à $^1/_4$ d'heure au sud de Hallstatt, sont les *salines*, une crèche fondée en 1850 par l'archiduchesse Sophie et, depuis 1880, une école d'apprentissage pour les jeunes filles.

Vis-à-vis de Hallstatt, sur la rive E. du lac, le petit *château de Grub*.

Un excursion très recommandée est celle à la romantique vallée d'**Echernthal** et à la chute de **Waldbachstrub** (1 h.). Une route (achevée en 1890), tracée le long du lac au prix de mille difficultés et moyennant une dépense de plus de 20.000 fl. mène en 10 minutes, dans la direction du sud, à cette vallée, jadis lit du lac, entourée de murailles à pic.

Sur l'énorme rocher dit le *Kreuzstein* (Rocher de la Croix) tout contre le chemin — rocher auquel est attachée la légende de trois filles sauvages qui mènent leur bacchanale sur les pentes de la montagne — on a inséré en 1881 une grande plaque en marbre de Hallstatt à la mémoire du garde-forestier Wunderbaldinger en reconnaissance des services rendus par lui.

Après avoir passé devant plusieurs auberges, on arrive, à travers la forêt, au *Waldbachstrub*, la plus belle chute d'eau du Salzkammergut. Le torrent, formé par le glacier du Dachstein, se précipite avec fracas d'une hauteur de 93 mètres dans une fente de rocher creusée par lui, tandis qu'à droite le *Lauterbach* laisse tomber ses eaux comme un long voile du haut du Siegwand.

Pour le retour, nous recommandons de prendre, à partir de l'auberge zur grünen Wiese et au delà du pont dit Kühbrücke, le beau sentier dit *Malerweg* (Chemin des peintres) le long de la rive droite du torrent, menant à Lahn puis à Hallstatt.

Du Waldbachstrub, par un sentier étroit et montant muni de garde-fous, et franchissant à droite les parois de l'Echernwand, on arrive en 1 h. $^1/_4$ au *Salzberg* (où est la mine de sel) et à la tour dite **Rudolfsthurm** (853 m.). On ne devrait pas négliger la visite de cette tour, même si l'on renonce à celle de la mine de sel. Le chemin en zigzag qui y conduit (en $^3/_4$ d'h.) du bourg de Hallstatt est ombragé et peu fatigant, et la vue sur tout le lac, Obertraun et Hallstatt paie bien de cette peine. (On peut y monter à dos de cheval, 3 fl. 50; jusqu'à la mine de sel, 4 fl. 70).

La tour, qui sert maintenant de demeure au conservateur de la mine, fut bâtie en 1284, probablement sur d'anciennes fondations, par Albert I pour protéger la mine contre les attaques des évêques de Salzbourg qui se jugeaient lésés dans leurs droits par l'exploitation de cette mine. Depuis 1846, on a découvert dans les environs du Felsenkogl, sur lequel est élevée la tour, près de 2000 tombeaux, qui ont livré une collection très riche et très intéressante d'armes, de parures, de vases, etc. en bronze, en or, en fer et en ambre, prouvant qu'environ 1000 ans avant Jésus-Christ, une peuplade celtique, d'une culture relativement développée, s'était installée ici pour exploiter la mine de sel. La plus grande partie des objets trouvés sont au Musée impérial et royal d'histoire naturelle de Vienne et au Musée de la province, à Linz. Grâce à une société fondée à Hallstatt il y a plusieurs années, on trouve exposée également ici une petite mais intéressante collection d'objets celtiques et romains, et quelques squelettes celtes.

Pour la visite de la mine, qui est un peu plus difficile que celle de la mine d'Ischl, il faut s'annoncer à l'établissement des mines, situé $\frac{1}{2}$ h. plus haut et où se trouve l'entrée.

De la tour Rudolf, un chemin romantique à travers la gorge dite *Höllenklamm* (Défilé des enfers) puis passant devant l'écluse Falkenhayn (construction, extrêmement intéressante au point de vue technique, sur le torrent du Mühlbach) conduit au sentier recouvrant l'aqueduc des salines et, par ce chemin, en 20 minutes à Hallstatt et en 1 h. $\frac{1}{2}$ à Gosaumühle et à Steg. On peut arriver à cette ravissante promenade de Hallstatt même, en $\frac{1}{4}$ d'h., en montant près de l'église catholique et du cimetière, par le Gaispalfen.

Parmi les excursions de montagne aux environs de Hallstatt, le premier rang appartient sans contredit à l'ascension du

Dachstein (2996 m.; guide jusqu'à la hutte Simony, 5 florins, et de là jusqu'au sommet, 5 florins.) Mais cette ascension n'est conseillée qu'aux touristes exercés, non sujets au vertige, et seulement avec un guide sûr.

Par contre, chacun peut faire l'excursion au glacier dit **Carls-Eisfeld** (2379 m.), où se trouve la *hutte-abri Simony*, pouvant offrir asile à 40 personnes. (10 à 12 h. en tout).

Pour les piétons, montée par le Waldbac strub; pour ceux qui désirent un chemin plus commode et ceux qui sont à cheval, prendre le sentier des cavaliers le long des murailles du Hirlatz, allant au Schneckenbrunn (près de là, à quelques minutes sur le côté, le *Thiergartenloch* un cirque colossal de rochers), puis le long de la paroi à pic dite Martinswand, à travers le Thiergarten et la Herrengasse aboutissant après des détours parmi des rochers à la Wiesalpe; enfin, laissant à gauche l'Ochsenwiesalpe, on arrive par le Wiesberg à l'Ochsenwieshöhe, puis, à travers le Wildkaar et les Speikleiten, à la *hutte Simony* (6 h. ½). D'ici, à travers le glacier de Hallstatt dit *Carls-Eisfeld* (glacier Charles, ainsi nommé à la suite d'une excursion de l'archiduc Charles en 1812), à la paroi du Dachstein et, par un sentier muni de chevilles de fer et d'une corde en fils de fer, à la cime du Haut-Dachstein (3 h.), d'où le regard s'étend jusqu'au Schneeberg (en Basse-Autriche) au Triglav (en Carniole), aux Tauern (Salzbourg), aux hauteurs de la vallée de Stubai (Tyrol) et à la forêt de Bohême. — Un chemin d'un aspect sauvage superbe, mais où l'on ne doit pas s'aventurer sans d'excellents guides à cause des dangers qu'il offre, permet de descendre aussi à travers le glacier de Gosau jusqu'à la hutte Grobgestein, et, de là, à Gosau. Du glacier, un chemin, muni de chevilles de fer, d'une corde et de crampons, mène aussi à Schladming, dans la vallée de l'Enns. Cette descente très intéressante, demandant 8 à 9 heures, n'est recommandable qu'aux touristes exercés.

La *Dachstein-Warte* (Observatoire du Dachstein) est une pointe de rocher (2650 m.) émergeant du glacier du Carl-Eisfeld, et qu'on peut atteindre facilement et sans danger de la hutte Simony en 2 heures. On ne devrait pas omettre l'ascension de ce rocher, qui offre un panorama presque rival de celui qu'on a de la cime du Dachstein.

Les plus hautes cimes du groupe du Dachstein sont: le *Haut Dachstein* (2996 m.), le *Thorstein* (2946 m.), le *Mitterspitz* (2926 m.), le *Koppenkarstein* (2878 m.), le *Hochkreuz* (2839 m.) et le *Hohe Gjaidstein* (2786 m.). Tout le massif couvre un espace de 600 kilomètres carrés environ, dont 10 sont occupés par trois grands et trois petits glaciers.

Le **Plassen** ou **Blassenstein** (1942 m.;
4 h.; guide 3 fl.). On y monte du Salzberg par
un chemin en zigzag, en 2 h. Sa cime abrupte
offre un magnifique panorama.

Au **Hirlatz** (1959 m.; 5 h. $\frac{1}{2}$; guide, 3 fl.)
par la Wiesalm ou le chalet abandonné du Hirlatz. Superbe panorama.

Le **Zwölferkogl** (1978 m.; 5 h. $\frac{1}{4}$; guide,
3 fl.) offre une belle vue du lac.

Le **Steingrabenschneid** ou **Schneidkogl**
(1541 m.; 3 h.; guide, non nécessaire, 2 fl.;
chemin indiqué à partir des constructions de la
mine du Salzberg; sentier pour les cavaliers) offre
aussi une très belle vue et est d'une ascension
peu fatigante.

Un sentier le long de la rive méridionale du
lac (1 h.) relie Hallstatt au hameau qui lui fait
face, *Obertraun*. On passe devant le *Hirschbrunnen*
et le *Kessel* (situé un peu plus haut), deux sources
intermittentes, jaillissant avec force surtout après
les pluies ou les jours très chauds, et qu'on
suppose alimentées par les glaciers du Dachstein.

Obertraun (station du chemin de fer), à
l'embouchure de la Traun dans le lac, est un
petit village de 400 habitants, pour la plupart
pauvres ouvriers des salines, qui vont d'ici
travailler jusqu'au Salzberg de Hallstatt.

Après la station d'Obertraun commence une
des parties les plus intéressantes de la ligne du
Salzkammergut, la vallée sauvage de **Koppenthal**, où mugit la Traun bouillonnante.

D'Obertraun, un chemin conduit sur le **Sarstein**
(1973 m.; 5 h.; guide, 4 fl. 50); mais celui que nous avons
indiqué plus haut (page 25) est préférable.

D'Obertraun aussi, on monte au **Krippenstein** (2105 m.; 4 h. ½; guide, 3 fl.) par le pont sur la Traun dit Köhlerbrücke, les chalets inférieur et supérieur de Schafeck. De la cime, vue grandiose sur les glaciers du Dachstein.

Vallée et lacs de Gosau.

De la halte du chemin de fer *Gosaumühle*, par canot à la localité du même nom; (d'ici, pour la vallée de Gosau, voitures à un cheval, 6 fl.; à deux chevaux, 10 fl., pourboire compris). Ou bien de Hallstatt, en voiture: du 1er juillet au 31 août, un omnibus, correspondant avec le premier train, part chaque jour à 7 h. ¼ du matin de Hallstatt (hôtel Seeauer) pour Gosauschmied, et, à 4 h. de l'après-midi, retourne de là à Hallstatt pour correspondre avec le bateau et les trains du soir (prix: 1 fl. 50; aller et retour, 2 fl.); une voiture à un cheval pour Gosauschmied coûte, aller et retour, au printemps et en automne, 6 fl.; à deux chevaux, 10 fl.; pendant la „saison", 8 et 12 fl., pourboire compris. A pied, il faut, de Steg ou de Hallstatt à Gosaumühle, ¾ d'h.; de là, 2 h. jusqu'à l'auberge Brandwirth à Gosau, puis encore 1 h. jusqu'à Gosauschmied.

Gosau (766 m.), à l'origine: *Gorzes Awe (Au der Gothen*, la Prairie des Goths), est une localité largement éparpillée dans la vallée de ce nom, et comptant 1200 habitants, dont 1070 protestants; deux églises, catholique et protestante.

La vaste et plate vallée semble fermée en arrière par les murailles déchiquetées des Donnerkogln. Au bout de la route carrossable, l'auberge de *Gosauschmied.*

D'ici, on atteint en 1 h. le **premier lac de Gosau** (1590 m. de long sur 470 m. de large), de couleur vert sombre, borné au fond par les cimes du Hohe Kreuz, du Haut Dachstein, du Thorstein, du Mitterspitz, le glacier de Gosau, et, à droite, les Donnerkogln.

Après avoir traversé le lac en canot (60 kr.) ou l'avoir contourné par la rive ouest, en majeure partie caillouteuse, on passe devant la *Gosaulacke*, petit lac formé par l'élargissement du torrent, et, par un chemin peu difficile, on arrive en 2 h. au **dernier lac de Gosau** (750 m. de long sur 430 m. de large), d'une couleur particulière, d'un bleu-verdâtre laiteux, d'où son nom aussi de *Kreidesee* (lac de craie). Les hauts sommets dont on est entouré, parmi lesquels, au fond, le Thorstein avec son glacier, forment un tableau des plus sauvages et des plus romantiques.

De ce lac, en 1 h. $\frac{1}{2}$ à la *Grobgesteinhütte*, et de là, en 5 h., à travers le glacier de Gosau, à la cime du Haut Dachstein.

La **Zwieselalpe**[1] (1584 m.; guide, 1 fl. 70), est facilement accessible de Gosauschmied et de Brandwirth. De cette dernière auberge, un chemin indiqué par des marques rouges conduit en 2 h. $\frac{1}{2}$ à l'*Edalpe*, où se trouve un abri et une auberge toute simple. — De Gosauschmied, on suit d'abord le chemin qui va au lac; après 20 minutes de marche on prend à droite un sentier indiqué par un poteau, et par ce chemin, peu difficile, on arrive en 2 heures au chalet mentionné plus

---

1. Panorama de la Zwieselalpe, dessiné par F. Mühlbacher, en vente à la librairie Mänhardt. Prix, 80 kr.

34

haut. De là, on atteint facilement la cime en 20 minutes. Le superbe panorama qu'elle offre n'est guère inférieur à celui du Schafberg.

On peut descendre, soit au premier lac de Gosau en passant devant la hutte de Zwieselalpe, à 10 minutes du sommet (chemin indiqué, 1 h. $^1/_4$), soit de l'autre côté à Annaberg (2 h.) et Abtenau (3 h.), ou bien encore, en contournant les Donnerkogln par la Stublalm, la Sulzkaralm et l'Aualm, à Filzmoos et de là, à la station de chemin de fer Mandling (6 h.).

Les excursions alpestres plus lointaines qu'on peut entreprendre de Gosau sont:

Le **grand Donnerkogl** (2052 m.), par la Zwieselalpe (chemin indiqué) en 4 h. $^1/_2$; magnifique panorama, surpassant encore celui de cette dernière montagne.

Le **Plassen** (1952 m.), par la Schreieralpe et la Schiechlingalpe; et de là, à Hallstatt (7 h.) (voir page 31).

Aussee et ses environs.

D'Ischl à Aussee:

1º avec le chemin de fer, par Laufen, Anzenau, Goisern, Steg, Obertraun et la gorge de Koppenthal, en 1 h. $^1/_2$;

2º par la Grazerstrasse, à travers Laufen, Goisern, St.-Agatha et la Pötschenhöhe (982 m.; belle vue sur le lac de Hallstatt), en 5 h. $^1/_2$.

La station d'Aussee est à 20 minutes du bourg. Sur la route qui y conduit, se trouvent, à droite, les grands établissements des salines imp. et roy. (Omnibus des hôtels, 30 kr.; voitures à un cheval, 1 fl.; à deux chevaux, 1 fl. 50 kr.;

omnibus menant directement à *Grundlsee* ou à *Alt-Aussee*, 70 kr.)

Le joli bourg d'**Aussee** (657 m., 1500 habitants, siège d'un tribunal d'arrondissement. d'un bureau des contributions, d'une conservation des salines et de deux conservations des forêts) se trouve dans une vallée en forme de bassin, entourée de hautes montagnes, dans laquelle les trois ruisseaux formant la Traun : la Traun de l'Oedensee, celle d'Alt-Aussee et celle de Grundlsee, se réunissent. A cause de cette situation abritée, de son climat modérément chaud et humide en été, de ses eaux salées employées comme bains et inhalations, Aussee a vu, ces dernières années, le nombre de ses visiteurs s'accroître considérablement. *L'église paroissiale* est du quatorzième siècle et a d'intéressantes pierres funéraires. *L'église du Saint-Esprit* ou *de l'hôpital* possède un bel autel gothique à volets de 1449, et des tableaux votifs. *Eglise St-Léonard*, à 20 minutes au delà du bourg. *Hôtel de ville* du quinzième siècle, mais en partie reconstruit. — A l'auberge Hertl (zur blauen Traube), qui est une des plus vieilles maisons de la localité, une intéressante pierre romaine. — Les *salines* valent la peine d'être visitées, à cause de leur nouveau système de chauffage.

Hôtels et restaurants : Hackinger, hôtel et pension Elisabeth (à ¼ d'h. au nord) ; archiduc Franz Carl (ou de la Poste) ; archiduc Johann, vis-à-vis du Casino ; Sonne (départ des omnibus pour la gare, pour Alt-Aussee et pour Grundlsee) ; Wilder Mann ; Blaue Traube ; auberge Schober (toute simple), près de la gare ; pension Hirsch, etc.

Casino avec restaurant, salles de lecture et de jeu, promenoir, café.

Médecins : les Drs Balkanyi, Bandzauner, Favarger, Schreiber, Sittmoser et Veth. — **Bains :** le nouvel établissement Kaiser Franz Josef avec salles d'inhalation et d'hydrothérapie, sur la place du Casino; le bain Vitzthum (Hauptstrasse, 145), les bains de l'hôtel Elisabeth avec établissement hydrothérapique (à ¼ d'h. du bourg, sur la route d'Alt-Aussée), le bain Rastl (sur l'Esplanade Elisabeth), l'école de natation sur la Traun. — Le *sanatorium* ouvert en 1883 par le Dr Schreiber sous le nom „Alpenheim" offre à ceux qui y logent tous les genres de bains, installés de la façon la plus confortable.

Orchestre des bains: avant-midi, de 10 h. ½ à midi, sur la promenade Mecsery près du Casino; le soir, de 6 h. ½ à 7 h. ½; tour à tour devant l'hôtel Elisabeth et sur la promenade Mecsery.

Taxe de séjour: pendant la saison (du 15 mai au 10 octobre), pour plus de huit jours, 3 fl.; les enfants, 1 fl. 50; les domestiques, 1 fl.

Taxe pour la musique: 2 fl. 50, ou 1 fl. 25 par personne.

Tarif des voitures: de la gare: 1° au bourg, 1 fl. (à un cheval) et 1 fl. 50 (à deux chevaux); 2° à Alt-Aussee aller et retour, 4 fl. et 6 fl.; 3° à Grundlsee (Schramml), aller et retour, 4 fl. et 6 fl.; 4° à Grundlsee (Gössl), aller et retour, 5 fl. 40 et 8 fl., avec une heure d'arrêt. Du bourg à Alt-Aussee ou à Grundlsee (Schramml), 1 fl. 80 et 3 fl.; aller et retour, avec une heure d'arrêt, 3 fl. 40 et 4 fl. 60; pour chaque heure supplémentaire, 60 kr. Le pourboire est compris dans tous ces chiffres.

Cabinet de lecture et librairie: H. Kreutzberger. — Dépôt de la *Liste des étrangers* chez l'imprimeur Grill, Bahnhofstrasse.

Promenades.

Les promenades *Mecsery* le long de la Traun, *Wildleithen, Schwabenwald* (avec *monument de l'archiduc Johann*), *Cramer, Pfarrwald, Erzherzog Johann, Elisabeth* et *Payer* sur le chemin d'Alt-Aussee, *Tressen*, les sentiers *zur Tauscherin, zur Sixleithen, Walcherweg*, les promenades menant à Alt-Aussee et à Grundlsee, et bien d'autres encore.

Parmi les points de vue, citons particulièrement: la *Sixleithen* (5 min.), offrant un bon panorama des environs (avec tableau d'orientation); la *Tauscherin* (5 min.), d'où l'on a la meilleure vue du bourg; le *Schmiedgut* ($^1/_2$ h.); la *butte de Lenau* ($^3/_4$ d'h.).

Excursions plus éloignées.

Alt-Aussee (717 m.; 1 h.) par la promenade Elisabeth, la promenade Payer, puis par la route des voitures (à droite, l'hôtel Elisabeth), ou par un chemin nouvellement tracé le long de la Traun, à travers une vallée boisée et ombreuse, jusqu'à l'auberge zum See (hôtel Frischmuth). Beau jardin et terrasse offrant une vue magnifique sur le Dachstein et spécialement le Carls-Eisfeld. — Le village d'Alt-Aussee (1300 habitants; poste et télégraphe) est situé sur la rive du lac de ce nom, long de 3 kilomètres et large de 1, d'une profondeur de 55 mètres, qu'entourent, à gauche, le Loser, au fond les murailles du Trisselwand, et à droite le Tressenstein. (Canots à rames chez l'aubergiste.)

Belle promenade sur les bords du lac, à *Seewiese* ($^3/_4$ d'h.), un pacage (où se trouve un petit restaurant) pittoresquement situé à l'extrémité E. du lac. (Un service de bateaux est aussi organisé pour s'y rendre; $^1/_2$ h.). Un bon chemin, la promenade Erzherzog Franz Carl, longue de 7 kilomètres, y mène en contournant le lac. La vue qu'on a du petit restaurant zum Fuchsbauer ($^1/_2$ h.) est saisissante.

38

Sur la rive sud-ouest, un chemin, indiqué par des marques rouges, conduit le long des murailles presque à pic du Steigwand puis par la crête du Tressensattel, à Grundlsee (2 h. $^1/_4$; guide, 1 fl. 50, pas indispensable).

Le **Tressenstein** (1214 m., 1 h. $^1/_2$) a été rendu accessible par un sentier nouvellement tracé, marqué en bleu, et son ascension facile offre un magnifique panorama. De sa crête, un chemin indiqué par des marques blanches conduit sur le

Trisselwand (1773 m.; 2 h. $^1/_2$); belle vue.

Le **Salzberg** (mine de sel), sur le flanc est du Sandling. Pour visiter cette mine, qu'on exploite depuis le commencement du douzième siècle, il faut demander auparavant une carte d'entrée chez le conservateur à Alt-Aussee.

Le **Sandling** (1716 m.; 4 h.; guide, 3 fl.), à la cime duquel on arrive en passant devant les constructions de la mine, offre une belle vue sur le Schafberg et la vallée de St-Wolfgang jusqu'à Ischl.

Le **Fludergraben** et la **Blah-Alpe** (2 h.), où l'on monte le long du torrent l'Augstbach, entre le Sandling et le Loser. Un sentier indiqué mène de là, à travers le Fludergraben, en 4 h. jusqu'à la vallée de Rettenbach et à Ischl.

Le **Loser** (1836 m.; 4 h.; guide, 3 fl.). Le chemin le plus commode pour y monter va, sur le côté ouest de la montagne, de Ramsau à l'Augst-Alpe (3 h., bonne source). Ce chemin est marqué en rouge à partir de l'auberge du lac. Au-dessous de la cime de la montagne, abri confortable avec vingt-un lits d'hommes et quatre de femmes (coucher, 1 fl. ou 70 kr.). Du sommet, panorama grandiose comprenant le Todtes Gebirge, le Grimming, le Dachstein, les Tauern, le Grossglockner, le Wiesbachhorn, le Grossvenediger, le Kitzsteinhorn, le Hochkönig, l'Uebergossene Alm, l'Untersberg, le Tännengebirge, les montagnes de Berchtesgaden et plusieurs lacs.

Avec l'ascension du Loser, il faut aussi recommander celle du **Bräuningzinken** (1891 m.) qu'on peut joindre à la précédente, et d'où le panorama est encore préféré à celui du Loser (1 h. $^1/_2$ de la hutte-abri du Loser jusqu'au sommet; chemin marqué en rouge).

Le **Schönberg** ou **Wilden Kogl** (2093 m. ; 8 h. ½ ; guide, 5 fl.) est accessible d'Alt-Aussee par Ramsau, Blah-Alpe, le Nagl et la Schwarzenberg-Alm (6 h.); de là, par l'Ochsentrieb, au sommet. — (Pour plus de détails, voir page 22.)

La **Pfeifer-Alm**, appelée aussi **zur Pfeiferin** (à la Siffleuse) (2 h. ½ ; guide, 1 fl.), sur le flanc E. du Sarstein offre, outre une ascension facile, la meilleure vue d'ensemble de toute la vallée d'Aussee.

Grundlsee.

On va au lac de Grundlsee par la route des voitures, bonne et en grande partie ombreuse, ou par le sentier nouvellement tracé le long de celle-ci, ou par la promenade Cramer, en une heure environ. Quatre fois par jour, un omnibus part de la gare et de l'hôtel Sonne à Aussee, pour la halte du bateau à vapeur près de l'hôtel Schramml (70 kr.).

La vue qu'offre ce lac (long d'environ 6 kilomètres, large de 1, et d'une profondeur de 67 mètres) est d'un charme tout particulier, et laisse une impression profonde qu'on n'oubliera pas facilement.

Sur la rive droite, une bonne route carrossable, passant devant l'hôtel Schramml (poste et télégraphe), mène à **Gössl**, un petit village à l'extrémité E. du lac, au bas des parois abruptes du Gösslwand. Un bateau à vapeur correspondant avec l'omnibus, y mène aussi quatre fois par jour (½ h. de trajet; prix, 30 kr.; aller et retour, 50 kr.).

De Gössl, par un sentier ombreux, on arrive en 20 minutes au lac romantique de **Toplitzsee** (2 kilomètres de long sur 370 mètres de large et 108 mètres de profondeur). En canot (il faut prendre tout de suite en montant sur le bateau à vapeur du Grundlsee des billets comprenant la traversée du Toplitzsee — ce qui, pour toute cette excursion, coûte 1 fl., aller et retour —, autrement il faudrait prendre un batelier à Gössl) on atteint en $\frac{1}{2}$ h. l'extrémité E. du lac.

De là, en quelques minutes, à travers la forêt, on arrive au **Kammersee**, petit lac dans une solitude sauvage, au pied de la Weiss-wand.

Toute cette excursion (3 h. $\frac{1}{2}$, aller et retour, en partant de l'hôtel Schramml) peut se joindre à celle à Alt-Aussee par le Sattelweg (voir plus haut) et s'effectuer facilement en un jour; la variété et le changement de décor offerts par le paysage sont tellement séduisants, qu'on ne devrait pas omettre cette excursion circulaire.

Strobl, Sanct-Wolfgang et le Schafberg.

D'Ischl: 1° à Strobl avec le chemin de fer local, après les stations Pfandl, Aschau, Wacht et Aigen-Voglhub, en 33 minutes; (à pied, par la Salzburgerstrasse, en 2 h. $\frac{1}{2}$) De Strobl au lac de St-Wolfgang, $\frac{1}{4}$ d'h.; et de là, par canot ($\frac{1}{2}$ h.) ou par bateau à vapeur ($\frac{1}{4}$ d'h.), à Sanct-Wolfgang;

2° directement à Sanct-Wolfgang par la Salz-burgerstrasse, en tournant à droite à partir de Pfandl puis en traversant Russbach et Schwarzen-bach.

Strobl (543 m.), à l'extrémité sud-est de l'**Abersee** ou **Wolfgangsee** (long de 11 kilomètres et large de 2) et à l'endroit où l'Ischl sort du lac, se compose seulement de quelques maisons. Deux hôtels: am See et zum Aigner. Sept fois par jour pendant la „saison" un bateau à vapeur fait le service d'un bout à l'autre du lac entre Strobl, St-Wolfgang, Fürberg et St-Gilgen.

De Strobl, excursions:

au **Schwarzensee** (2 h.) par Schwarzenbach (voir page 22);

au **Rettenkogl** (1778 m.; 3 h.; guide, 3 fl.) par un chemin maintenant sans danger, tracé en 1882, indiqué à partir de l'auberge zur Wacht sur la Salzburgerstrasse. Panorama presque comparable à celui du Schafberg;

à la **Post-Alpe** (1762 m.; 7 h. $\frac{1}{2}$); de la route d'Ischl, environ $\frac{1}{4}$ d'h. avant Strobl (poteau indicateur), on s'enfonce dans la vallée de Weissenbach, et en suivant les indications qui commencent à dix minutes de là, à droite, à la lisière du bois, on atteint en 3 h. la Post-Alpe, où l'on peut se restaurer.

De Strobl on peut aller par le chemin de fer local en $\frac{1}{4}$ d'h. à la station de St-Wolfgang, tout au bord du lac; (à tous les trains, bateau à vapeur conduisant en 6 minutes à St-Wolfgang, et en 10 minutes à la station du chemin de fer à crémaillère du Schafberg). Par la route suivant la rive nord du lac, il faut 1 h. de Strobl à Sanct-Wolfgang.

Sanct-Wolfgang (649 m.) est un vieux bourg de 700 habitants, déjà mentionné au XIe siècle. (Hôtels et restaurants: Hôtel et pension Peter, avec dépendance tout près de la station du chemin de fer du Schafberg et du débarcadère des bateaux [table d'hôte]; hôtel Drassl [Weisses Ross] près du

42

débarcadère des bateaux ; ancienne brasserie Peter [avec bains et douches] et brasserie Kortisenbräu, avec belle terrasse du côté du lac ; auberges Enichlmayr [zum Hirsch] et Schader [zum Touristen]. — Guides, porteurs, montures, etc. dans les deux premiers hôtels mentionnés ci-dessus).

Le bourg est devenu un lieu de villégiature alpestre, et s'est accru d'une foule de villas, de parcs, d'hôtels, d'établissements de bains. Grande affluence de visiteurs.

La localité doit son nom à saint Wolfgang, évêque de Ratisbonne, qui vint vivre ici en ermite, de 982 à 987, et y bâtit le premier une chapelle. Celle-ci, détruite ainsi que le bourg tout entier par un incendie en 1429, fut remplacée par l'église actuelle, élevée en 1460 par l'abbé Reichlin, de Mondsee. Cet édifice renferme un magnifique autel à volets, chef-d'œuvre du maître tyrolien Michel Pacher (1481), qu'il ne faut pas manquer d'aller admirer [1]. Une autre œuvre d'art remarquable est la fontaine en bronze, fondue par Lienhart Raunacher de Passau (1515), qui se trouve entre l'église et le presbytère.

Du *Calvarienberg*, belle vue sur le lac et les montagnes qui se trouvent vis-à-vis : le Sparber, les Hohe Zinken, le Königsberghorn et le Zwölferkogl. — Sur la petite presqu'île qui avance dans le lac, une tour-belvédère, dite *Leuchtthurm* (le Phare), bâtie en 1844 par le propriétaire Grohmann, et appartenant maintenant à l'hôtel Peter, (belle vue, 10 kr. d'entrée).

---

1. Voir sur cette merveille et sur son auteur la monographie : *Un maître oublié du XVe siècle, Michel Pacher*, par Auguste Marguillier (Paris, bureaux de la *Gazette des Beaux-Arts*, 1894, avec gravures), ou bien : *A travers le Salzkammergut*, du même auteur (Paris, Hachette, 1895, avec nombreuses illustrations), où se trouve une reproduction de cet autel.

La *Steinsruhe* ($^1/_4$ d'h.) et la *Dittelbachwildnis* ($^1/_4$ d'h.) offrent d'agréables promenades.

La visite de l'*ermitage* et de la *fontaine de saint Wolfgang* sur le *Falkenstein* (1 h. $^1/_2$) vaut la peine d'être faite. Contre le rocher est bâtie une petite chapelle en l'honneur du saint; une niche qui s'y trouve passe pour avoir été son lieu de repos. Le peuple attribue des vertus miraculeuses à l'eau de la source. — Sur le Falkenstein et sur ses parois sont des monuments ou inscriptions à la mémoire du poëte Victor Scheffel, qui a chanté dans ses *Bergpsalmen* l'existence d' ermite du saint.

Du Falkenstein, un chemin descend à *Fürberg* (station du bateau à vapeur); de là, en $^1/_2$ h., au château de *Hüttenstein*, au bord du petit lac solitaire de *Krottensee*.

Le Schafberg.

Le *Schafberg* (1780 m. au-dessus du niveau de la mer, 20 mètres moins haut que la cime du Rigi; 3 h. $^1/_2$; guide, non indispensable, 2 fl.; guide, chargé de bagages, 2 fl. 50; pour le coucher du guide, si on le conserve pour le lendemain, 70 kr.; le jour suivant, à partir de 8 h., 20 kr. par heure) offre, à cause de sa situation à la limite des pays de plaines et des hautes montagnes, le plus beau point de vue du Salzkammergut et même des Alpes allemandes. Le panorama embrasse onze lacs, toutes les Alpes de Haute-Autriche, de Styrie et de Salzbourg, et s'étend du côté de la plaine jusqu'aux lacs Chiemsee, Wagingersee et à la forêt de Bohême. Les nouvelles constructions de l'hôtel bâti au sommet offrent tout le confort possible à une telle hauteur.

Le chemin de fer à crémaillère (système Abt), inauguré en 1893, long de 5800 mètres, commence près du débarcadère des bateaux ; avec une pente maxima de 25 %, il traverse le Dittelbach. atteint à une hauteur de 1367 mètres la halte dite *Schafberg-Alpe*, puis gravit la croupe de rochers dénudés, s'engage dans un tunnel, long de 100 mètres, où une fenêtre naturelle offre un coup d'œil charmant sur l'Attersee. et s'arrête à 40 mètres plus bas que l'hôtel du Schafberg, où l'on arrive en quelques minutes par un chemin commode. La durée de ce trajet extrêmement intéressant et charmant est de 1 heure pour monter et autant pour descendre.

Pour se rendre à pied à la cime, on a le. choix entre quatre bons chemins, tous sans danger :

1º de *Sanct-Wolfgang* (marques bleues), devant la brasserie Kortisen, par un joli sentier ombreux, jusqu'à la Steinsruhe, puis à droite à travers la forêt jusqu'à un carrefour au-dessus de la maison Aschinger ; là, prendre à gauche la route de voitures jusqu'à la *Schafberg-Alpe* (2 h. $\frac{1}{2}$), où se trouve une modeste mais bonne auberge, avec 12 lits. D'ici, en 1 h, à l'hôtel du sommet.

2º De *Sanct-Gilgen*, au bord du lac de Sanct Wolfgang, un autre chemin montant commence près de la laiterie du prince de Wrède à Winkl, quitte la route près d'un tilleul (à gauche, le château de *Hüttenstein*), passe devant l'auberge voisine, suit à droite le chemin qui se divise près d'un sapin, et, à travers la forêt, atteint la *Schafberg-Alpe* ; de là, en 1 h., au sommet.

3° De *Schorfling*, au bord du lac de Mond-see, en suivant la route de Sanct-Gilgen par la montagne de Hüttenstein, prendre le chemin in-diqué à la quatrième section de cette route, sur le côté gauche. Impossible de se tromper, même sans guide.

4° D'*Unterach*, au bord du lac d'Attersee, après avoir traversé l'Ache, et avoir suivi un sentier ombreux à gauche de ce ruisseau, on arrive au bout d'$^1/_4$ d'h. au poteau indiquant le chemin montant au Schafberg. Par ce chemin commode au milieu de la forêt, on atteint en 1 h. $^1/_2$ l'*Eisenauer-Alpe*. A partir de ce plateau, le sentier est indiqué par des piquets rouges et conduit en 1 h. à la *Suissen-Alm* et au petit lac *Grünsee*, puis en $^1/_2$ h. à la dernière partie de la montée, la plus belle, suivant, à partir de Bründl, un sentier tracé dans le rocher au moyen de la mine (causant un peu de vertige, mais pourtant sans danger) qui traverse le *Schafloch* (Trou des moutons) maintenant appelé *Himmelspforte* (Porte du ciel) et aboutit à l'hôtel du Schafberg.

Ce dernier chemin est le plus roide, il est vrai, mais le plus intéressant de tous ceux qui montent au Schafberg.

Dans le voisinage de la cime du Schafberg sont plusieurs cavernes, parmi lesquelles l'imposante *Wetterloch*, éclairée à l'électricité depuis le 1er juillet 1895 et dont on a facilité l'accès (on en recommande particulièrement la visite), et l'in-téressante *Adlerhöhle*. Pour les visiter, s'informer près du propriétaire de l'hôtel du Schafberg.

Après la station de Sanct-Wolfgang, le chemin de fer d'Ischl à Salzbourg traverse les haltes de Zinkenbach, de Gschwandt et de Lueg (cette dernière est aussi une station du bateau à vapeur). d'abord dans la forêt, puis le long de la rive du lac. et arrive à la station de

Sanct-Gilgen, dans une situation élevée et ravissante au bord du lac, offrant une belle vue du Wolfgangsee et du Schafberg. Ce village, appartenant au duché de Salzbourg, est une jolie localité, très ancienne, comptant 600 âmes. — (Auberges-restaurants: de la Poste [avec restaurant au bord du lac, voitures, guides. porteurs, bateaux], Kössler, Kogler, Reindl, Streicher, Sonne).

A partir de Sanct-Gilgen commence la partie la plus intéressante de cette voie ferrée, à cause de ses aspects pittoresques et variés. Après avoir traversé plusieurs fossés ou défilés, elle arrive au château de *Hüttenstein* au bord du petit lac de *Krottensee*, puis, après un tunnel de 422 mètres, se dirigeant le long des rochers du Griesberg vers le Mondsee, elle atteint la halte de *Scharfling*, au bord de ce lac. De là, à travers plusieurs petits tunnels et entailles dans le rocher, on arrive à *Plomberg* (débarcadère du bateau tout près) et à la station de *Sanct-Lorenz*, d'où un embranchement mène en 10 minutes au bourg de Mondsee (voir plus loin), tandis que la ligne principale se dirige par Thalgau, à travers de charmants paysages de vallées et de collines, vers Salzbourg (1 h. $\frac{1}{2}$).

Les lacs d'Attersee et de Mondsee.

D'Ischl on peut se rendre par la route d'Ebensee ou le chemin de fer jusqu'à Mitterweissenbach (1 h.), puis par la vallée de Weissenbach, en 3 h. ½, à

Weissenbach au bord de l'**Attersee** ou **Kammersee,** le plus grand des lacs de Haute-Autriche (20 kilomètres de long sur 3 de large et 171 mètres de profondeur), où conduit aussi un omnibus partant tous les après-midi, à 2 h., de l'hôtel de la Poste, à Ischl (prix: 1 fl. 30). Hôtel de la Poste, avec belle terrasse, bateaux pour la traversée du lac, station de bateaux à vapeur, bureau de poste et de télégraphe.

De Weissenbach, en descendant le lac, le bateau à vapeur conduit à **Steinbach,** petite localité sur la rive E.

De Steinbach, traversant le lac, nous touchons *Stockwinkel, Dexelbach* et *Nussdorf* sur la rive O., puis *Weyregg* de l'autre côté, *Attersee* de nouveau sur la rive O., au pied de Buchberg, et, passant devant la petite île de Litzelberg, nous atteignons, à l'extrémité N. du lac,

Kammer, avec le vieux château du même nom qui a donné au lac sa seconde appellation, situé dans un beau parc, sur une presqu'île à l'embouchure de l'Ager. Sur la place du débarcadère des bateaux, l'élégant et confortable hôtel Kammer (bains, parc, bateaux). Kammer est relié par une ligne de chemin de fer à la station du chemin de fer de l'ouest, *Vöcklabruck* (1 h.).

De Weissenbach, nous dirigeant vers Unterach et le lac de Mondsee, nous atteignons en ¹/₂ h., par la belle route de voitures nouvellement tracée le long du lac jusqu'à Unterach,

Burgau (où aboutit le chemin d'Ischl au Schwarzensee et par le Burggraben (voir page 22) à Weissenbach), puis.

Unterach, ³/₄ d'h. plus loin (en bateau, ¹/₂ h.), à l'extrémité sud-ouest du lac, à l'embouchure de la See-Ache venant du lac de Mondsee. Lieu de villégiature fréquenté. Hôtels: de la Poste, au débarcadère, avec kiosque au bord du lac; Goldenes Schiff.

Un omnibus, correspondant avec les bateaux à vapeur, conduit plusieurs fois par jour (¹/₂ h.) d'ici à **See,** petite localité au bord du **lac de Mondsee** (long de 11 kilomètres ¹/₂ et large de 2 ¹/₂), qui doit son nom (Lac de la lune) à sa forme en croissant. On peut s'y rendre aussi par un bon sentier ombreux le long de la rive droite de la See-Ache (1 h.).

A See, nous prenons le bateau à vapeur, avec lequel nous atteignons en 5 minutes la station de *Kreuzstein,* puis, encore 5 minutes plus loin, dans une baie ombragée, celle de *Pichl* (hôtel-pension Auhof, très confortable), enfin, 8 minutes après, la station de *Scharfling* (hôtel-pension Wesenauer). De là, on peut continuer, soit avec le chemin de fer local, soit à pied en passant devant le Krottensee et le château de Hüttenstein (³/₄ d'h.), jusqu'à Sanct-Gilgen au bord du Wolfgangsee; ou bien, restant sur le bateau à vapeur, nous pouvons poursuivre vers *Plomberg* et, 35 minutes plus loin,

Mondsee (481 m.), sur la rive nord-ouest du lac. Ce joli bourg, gros de 1600 habitants (station de chemin de fer et de bateau à vapeur, bureau de poste et de télégraphe, tribunal d'arrondissement), où s'élèvent une grande et superbe église et un imposant château, jadis abbaye de Bénédictins, est, depuis nombre d'années, un lieu de villégiature très fréquenté, où attirent d'ailleurs toutes sortes d'avantages: quantité de villas et de demeures confortables, de bons hôtels (de la Poste, avec jardin; Goldene Krone, avec jardin; Schwarzer Adler; Blaue Traube; Weisses Ross; hôtel Königsbad, à $^1/_4$ d'h. du bourg, au bord du lac), établissement hydrothérapique du Dr Müller et bains d'eaux salées, de tourbe, d'aiguilles de pins,—l'excellent établissement de bains et de natation du Dr Lechner dans le lac, un bon climat, des environs charmants avec quantité de promenades ombreuses et de belles excursions de montagne, un orchestre, un théâtre, une place de lawn-tennis et autres divertissements. La communication directe, d'un côté avec Salzbourg, de l'autre avec Ischl, offerte par le chemin de fer local du Salzkammergut, permet en outre les plus intéressantes excursions.

L'abbaye de Bénédictins de Mondsee fut fondée en 748 par le duc de Bavière Uttilo II; détruite en 923 par les Magyars, elle fut reconstruite et subsista jusqu'en 1792, date à laquelle elle fut sécularisée. Donnée en majorat par Napoléon Ier au maréchal bavarois prince de Wrède, elle est encore aujourd'hui en la possesion de cette famille princière.

Dans la grande église paroissiale, de style gothique, se trouvent de bonnes sculptures sur bois du dix-septième siècle, un tableau d'autel de

Sandrart, une belle porte de sacristie de style gothique, un curieux maître-autel, une belle table de communion en marbre du Schafberg, d'intéressants monuments funéraires des abbés du couvent, et, sous le portail, des pierres tumulaires romaines.

Du **Mariahilferberg** (10 min.), belle vue sur le lac, la double cime du Schober vis-à-vis, le Drachenstein aux parois trouées, de formation étrange, et le Schafberg avec sa pointe brusquement inclinée dite Teufels-Abbiss (la Mâchoire du diable).

Le **Kulmspitz** (1095 m.; 2 h.), où l'on monte commodément par Stabau, offre, de la tour du sommet, un panorama magnifique.

Le **Kollmannsberg** (1115 m.; 2 h.); belle vue.

La **ruine Wartenfels** (1010 m.; 2 h.) offre aussi un beau panorama. On y va par le chemin dit Drahtzug.

Le **Schober** (1330 m.; 3 h.), où seules peuvent aller les personnes non sujettes au vertige, offre de même un magnifique panorama. On y monte per la ruine Wartenfels et des chemins tracés dans le rocher.

Le **Drachenstein** (1169 m.; 3 h.). Dans les environs des chalets de Wildmoos, la caverne dite *Bärenhöhle* (la Caverne des ours, ainsi appelée parce qu'on y a découvert des ossements d'ours préhistoriques); on ne peut la trouver qu'avec un guide.

Le **Höllkaar** (1187 m.; 3 h.), où se trouvent de ravissants pacages et le petit lac *Eibensee*. On y monte de Plomberg par un chemin commode (indiqué).

Ebensee, Offensee et les lacs de Langbath.

D'Ischl on peut se rendre, soit par le chemin de fer ($^{3}/_{4}$ d'h.), soit par la route carrossable qui traverse Mitterweissenbach, Langwies et Steinkogl (3 h.), à

Ebensee-Langbath, village de 3300 hab., à l'extrémité S. du *Traunsee* ou *lac de Gmunden*, avec de grandes sauneries où l'on fait évaporer les eaux salées amenées de Hallstatt et d'Ischl par des conduits souterrains (production annuelle: environ 500.000 quintaux de sel). Grande fabrique de soude, où l'eau salée sert de moyen productif. Excellente école professionnelle pour l'industrie du bois et la sculpture sur bois. — Hôtel de la Poste dans le voisinage du débarcadère des bateaux, hôtels Lehr et zum Auerhahn, près de la gare, auberge Bäckerwirth.

Promenades aux environs:

Sur le **Calvarienberg** (¼ d'h.); belle vue sur le lac, la vallée de la Traun et celle de Langbath;

à **Steinkogl** (1 h. ½), auberge très fréquentée sur la route d'Ischl à Ebensee; belle vue sur les montagnes vis-à-vis et sur le Schönberg. Un sentier y mène, recouvrant l'aqueduc des salines;

à la **Mariengasthaus** (1 h. ¼), auberge sur la rive droite de la Traun (à ¼ d'h. de la station de Steinkogl), avec des chemins ombreux en forêt. Excursion d'un après-midi en venant d'Ischl;

au **Rinnbachstrub** (1 h.), belle chute d'eau dans une gorge (mais remarquable seulement après les pluies), où l'on se rend en traversant la Traun puis le hameau de Rinnbach dans la vallée du même nom;

à **Traunkirchen** (1 h.) par la belle route de voitures tracée le long du lac, en partie à travers les murailles abruptes du Sonnstein.

Mais parmi les excursions à entreprendre d'Ebensee, le premier rang appartient sous tous rapports à celle aux deux **lacs de Langbath**, où l'on se rend à travers la belle vallée boisée de Langbath. (Tous les jours, deux départs d'omnibus d'Ebensee; au premier lac, 1 fl.; retour à partir de l'auberge zur Kreh, 70 kr.; aller et retour, 1 fl. 50.) A pied, par la bonne route carrossable, qui va toujours montant, il faut jusqu'à *Kreh*, 1 h. $^1/_2$. — Une demi-heure plus loin, à travers des champs puis une forêt, on arrive au premier lac (1080 mètres de long sur 430 mètres de large), que l'on peut longer par un des chemins qui bordent ses rives (le meilleur est celui de la rive droite; $^1/_4$ d'h.). A l'extrémité O. du lac, un chalet de chasse de l'empereur. — D'ici, un chemin, marqué en jaune, conduit en $^1/_2$ h. au deuxième lac (645 mètres de long sur 400 mètres de large) enfermé entre les murailles rocheuses et abruptes du Höllengebirge.

Une excursion également belle, quoique n'offrant pas tant de variété d'aspects, est celle au **lac d' Offensee**. En venant d'Ischl, on quitte le train à la station de Steinkogl, et l'on prend à droite une route carrossable et commode qui traverse une belle forêt et mène en 2 heures environ à ce lac solitaire (900 mètres de long sur 760 mètres de large). Là aussi, se trouve un rendez-vous de chasse de l'empereur.

Le **Kranabethsattel** et le **Feuerkogl** (1591 m.; 3 h.; guide, 2 fl. 30) sont très visités à cause de leur beau panorama et de leur ascension facile.

L'**Alberfeldkogl** (1706 m.; $^3/_4$ d'h. au-dessus des cimes précédentes) offre une vue encore plus étendue. Guide absolument nécessaire.

Le **Höllenkogl** (1862 m.; 2 h. $^1/_2$) la plus haute cime du massif du Höllengebirge, offre un panorama grandiose. Guide indispensable.

L'**Erlakogl** ou **Edlerkogl** (1570 m.; 3 h. $^1/_2$; guide, 2 fl. 30), d'où l'on a la même vue que du Kranabethsattel, est aussi d'une ascension peu difficile.

La **caverne de Röthelstein** se trouve dans les parois abruptes de l'Erlakogl. Du moulin de Karbach (où l'on ne peut se rendre d'Ebensee ou de Gmunden qu'en canot) un étroit sentier au bord du lac mène en ¼ d'h. au commencement de la montée (chemin indiqué) et en ¾ d'h. à l'entrée de la grotte, vaste et aux voûtes élevées, que remplit en grande partie le petit lac de *Röthelsee*. Des torches sont nécessaires pour la visiter.

Le **Bromberg** (1646 m.; 3 h. ½; guide, 3 fl. 50) appartient au massif de la Hohe Schrott. Montée de la station de Steinkogl. Beau panorama, surpassant de beaucoup celui du Kranabethsattel; mais excursion conseillée seulement aux ascensionnistes exercés.

Le chemin de fer d'Ebensee à Gmunden traverse la Traun à son embouchure après la station d'Ebensee, et arrive à la halte *Ebensee-Landungsplatz* (où l'on peut quitter le train pour traverser le lac en bateau à vapeur, ce qui est bien préférable), puis longeant le lac, traverse le long tunnel du Sonnstein (1428 mètres) et plusieurs autres petits tunnels, et atteint la halte *Traunkirchen-See*, offrant un coup d'œil ravissant sur le lac et les montagnes vis-à-vis. Passant ensuite par les stations *Traunkirchen* (à ¹⁄₂ h. de cette localité) et *Ebenzweier-Altmünster*, il arrive à la gare de *Gmunden*, éloignée de 20 minutes de la ville par suite des difficultés du terrain, ce qui a motivé la construction, en 1894, d'un chemin de fer électrique (Localbahn) correspondant avec tous les trains et aboutissant à Gmunden à l'hôtel Schiff (Rathhausplatz), après haltes à l'hôtel Bellevue et à l'hôtel Austria. On trouve aussi des voitures à la gare (à deux chevaux, 1 fl. 50, à un cheval, 1 fl.).

Gmunden et environs.

Le **Traunsee**, le plus grand et certainement le plus beau lac des Alpes de Haute-Autriche, s'étend du sud au nord sur une longueur de 12 kilomètres, une largeur de 2 à 3, et une surface de 2454 hectares; sa profondeur va jusqu'à 191 mètres. Ses rives offrent la plus riche variété: depuis les rochers abrupts et arides de hautes montagnes, comme le Traunstein et l'Erlakogl, jusqu'aux vertes collines aux pentes douces qui le bornent au nord et à l'ouest, tous les charmes que peuvent offrir les beautés de la nature se trouvent réunis sur ses bords. La ceinture de montagnes qui l'entoure offre, vue du nord: à gauche, les pentes boisées du Grünberg, puis la masse rocheuse du Traunstein, l'Erlakogl (dont la crête, vue de Gmunden, dessine le profil couché d'une tête de femme avec une coiffure grecque, d'où son surnom de *Schlafende Griechin*, la Grecque dormante), l'Eibenberg, et au fond, à l'arrière-plan, le Schönberg (2093 m.), la plus haute cime de ce cercle de montagnes, et le Kaarkogl; puis, de l'autre côté, le Sonnstein précédé de Fahrnau et, en arrière, les pittoresques contours de la longue chaîne du Höllengebirge et du Hochleckengebirge, tandis que sur une presqu'île au pied du Sonnstein Traunkirchen se mire coquettement dans l'eau, et que, tout en avant, le château d'Ort se dresse dans le lac.

Le lac est riche en excellents poissons, parmi lesquels des *rheinanken*, sortes de harengs, qui, fumés, sont l'objet d'un grand commerce.

A l'extrémité N. du lac et au point de sortie de la Traun, se trouve la jolie ville de **Gmunden** (430 mètres au-dessus du niveau de la mer), siège d'une sous-préfecture, d'un tribunal d'arrondissement, d'une direction des forêts et des domaines, d'une recette des finances, d'un bureau de poste et de télégraphe. Avec ses faubourgs, elle compte plus de 6400 habitants. Etant le marché du Salzkammergut, Gmunden offre plus d'animation que d'autres villes de même grandeur. Deux lignes de chemin de fer: l'embranchement de Lambach à Gmunden aboutissant à une gare au bord du lac, et la ligne du Salzkammergut déjà citée, la relient au réseau des autres voies ferrées.

Hôtels et auberges: Hôtel Bellevue, en même temps établissement de cure et de bains, situé sur l'Esplanade, ayant une vue dégagée sur tout le lac; Hôtel Austria, magnifique construction avec terrasse au bord du lac; Hôtel Deininger zum goldenen Schiff, près de l'embarcadère du bateau à vapeur; Hôtel Mucha, près de la gare du lac dans le faubourg de Traundorf; zur goldenen Sonne; zum goldenen Brunnen; zur Post; am Kogl; Bräuer am See (Krone); zum goldenen Hirschen dans le faubourg de Traundorf. — **Jardins-restaurants**: à l'hôtel Bellevue, à l'hôtel Mucha, am Kogl, gold. Brunnen, Post, gold. Hirschen. — **Cafés**: Deininger (hôtel Schiff); Pürstinger, Nöstlinger, sur la place de l'Hôtel de ville; café et pâtisserie vis-à-vis le kiosque de la musique sur l'Esplanade; Horejschi, sur l'Esplanade.

Bains: à l'hôtel Bellevue: bains ordinaires ou d'eau salée, d'eaux-mères, d'aiguilles de pins, de plantes alpestres, bains avec courant électrique; — bains Greimelmayer (ou Theresienbad, après l'Esplanade: bains ordinaires, ou d'eau salée, ou d'aiguilles de pins; — établissement de bains Fischill, sur le pont de la Traun. **Ecole de natation et établissements de bains dans le lac**: sur l'Esplanade, et l'établissement libre de la ville au faubourg de Weyer près du

56

chantier des bateaux (tous deux avec locaux séparés pour
hommes et pour dames). **Etablissement hydrothérapique** et
cabine pneumatique (air comprimé) : près de l'hôtel Bellevue. **Salles d'inhalation** (eau salée pulvérisée et vapeur de
résine pinière), près de l'hôtel Bellevue. **Bateaux** : sur
l'Esplanade (pour le tarif, voir l'appendice à la fin). **Bureau
de location de logements** établi par la Cur-Commission, au
secrétariat de la mairie (Hôtel de ville, 1er étage). **Change** :
à la librairie Mänhardt, chez F. Margelik et chez S. Pöll,
négociants. **Guide** : Anton Reiter. **Librairie-papeterie** et
cabinet de lecture : E. Mänhardt, à l'hôtel de ville. **Médecins** :
Dr Cybulak, médecin de district ; Dr Gallasch, Dr Kracko-
wizer, Dr Rischner, Dr Wolfsgruber. *Chirurgien* : Pesendorfer. *Dentiste* : Dr Pesendorfer. **Moyens de transport** : dans
la plupart des auberges et chez Harringer, Artelsmayer,
Horn, etc. Station de voitures : place de l'Hôtel de ville.
Télégraphe : au bureau de poste (ouvert de 7 h. du matin
à 9 h. du soir).

    Histoire. D'après une hypothèse généralement adoptée,
mais peu certaine, Gmunden tiendrait la place de l'ancienne cité romaine de Laciacum. Déjà au XIIe siècle,
il existait comme ville ; il reçut en 1301 du duc Rodolphe
des armes particulières, et en 1465 de l'empereur Frédéric IV la confirmation de ses anciennes franchises et
une juridiction particulière. En 1450, toute la ville brûla,
et un second incendie pareil se renouvela au commencement du XVIIe siècle. La Réforme trouva à Gmunden
de nombreux partisans, et la ville eut de 1550 à 1624 des
pasteurs protestants, dont le premier était natif de Gmunden
même. Pendant la guerre des Paysans, Gmunden, pris et
repris par les insurgés et les troupes impériales, fut mis
dans un état pitoyable ; à la fin, le 14 novembre 1626,
eut lieu au nord-ouest de la ville une bataille meurtrière
entre les paysans et le général bavarois Pappenheim,
bataille où les révoltés furent anéantis et laissèrent 4000
morts sur place. On appelle encore aujourd'hui *Bauern-
hügel* (Butte des Paysans) une éminence qui recouvre leurs
dépouilles, à droite de la route de Pinsdorf, et sur laquelle a été élevée en 1883 une colonne de granit. (Les
fouilles entreprises pour l'érection de cette colonne ont
prouvé que le nombre des morts indiqués comme enterrés
là est erroné, et qu'il doit être réduit probablement à

400, chiffre qui se rapproche de celui que donne la vieille *Chronique* de Goisern). Le vainqueur, en actions de grâces, déposa son épée à l'église paroissiale de Gmunden; mais elle a disparu depuis. — Dans les guerres avec les Bavarois, puis pendant les guerres de Napoléon de 1800 à 1809, Gmunden fut encore le théâtre de scènes belliqueuses et eut à souffrir surtout des invasions françaises. — Les fossés et remparts ainsi que les portes fortifiées qui entouraient autrefois la ville ont disparu dans le courant de ce siècle et ont fait place à des rues et à des jardins. — En 1862, Gmunden fut déclaré ville d'eaux, et depuis ce temps il n'a cessé de s'agrandir et de s'embellir de toutes façons.

Ressources thérapeutiques de Gmunden.

Ce sont les bains d'eau salée, d'eaux-mères, d'aiguilles de pins, de tourbe, de plantes alpestres, d'eaux sulfureuses; les bains avec courant électrique; ceux du lac; une salle d'inhalation (eau salée pulvérisée et vapeur de résine pinière); une cabine pneumatique (air comprimé) pour six personnes; un appareil pneumatique (à air comprimé ou raréfié, à volonté); un établissement hydrothérapique; les principales eaux minérales indigènes et étrangères; le petit-lait.

Monuments publics.

Cinq églises: l'*église paroissiale* (bâtie en 1400) possédant un maître-autel orné d'un groupe en bois sculpté: l'*Adoration des Mages*, du XVIIe siècle; l'*église de l'hôpital*; la *chapelle* et le *couvent des Capucins* (dans ces deux dernières églises, beaux autels modernes sculptés par Untersberger de Gmunden); la *chapelle* et le *cloître des Carmélites*; enfin l'*église protestante*, de style gothique anglais, achevée en 1876.

58

Bel *hôtel de ville* du XVIIIe siècle, de style italien (dans le même bâtiment, la librairie E. Mänhardt).

Parmi les habitations particulières: les deux superbes *châteaux du duc de Cumberland* (vieux style gothique allemand) et *du duc Philippe de Württemberg* (style français Louis XIII); plus de cinquante jolies villas, un pensionnat de jeunes filles, etc.

Le *Casino*, sur la place Franz Josef, avec terrasse au bord du lac, grande salle de lecture (journaux allemands, français, anglais et hongrois), salle de billard, salles à manger, salle de concert et de danse, est le lieu de réunion des étrangers. Entrée libre. Chaque samedi, soirée dansante (entrée gratuite).

Sur la *place Franz Josef*, plantée de massifs de fleurs et d'arbustes, se trouve un buste de l'empereur François-Joseph en marbre, exécuté par le sculpteur J. Gigl d'après la maquette du sculpteur H. Natter, et une colonne météorologique d'un style très élégant, érigée par l'archiduc Jean de Toscane.

La **commission des bains** dite **Curcommission**, à la tête de laquelle est le bourgmestre de Gmunden, veille à tous les intérêts de la ville d'eaux, et le comité chargé spécialement des fêtes et distractions s'efforce, par l'organisation d'excursions et de toutes sortes de divertissements en commun, de rendre le séjour de Gmunden encore plus agréable — La section Gmunden du Club des touristes autrichiens a eu le mérite particulier d'améliorer et de munir d'indications les chemins de montagne aux environs. Une carte contenant tous ces chemins marqués (prix: 40 kr.) et un grand tableau d'orientation au coin de l'hôtel de ville donnent l'explication de ces indications.

L'orchestre des bains joue chaque jour trois fois sur l'Esplanade, au Casino ou en tel autre endroit désigné par le Comité des bains et porté à la connaissance du public.

La **taxe de séjour** pour toute la „saison" est de 8 fl., et de 3 fl. pour la femme, les enfants, les personnes parentes, l'institutrice ou autres serviteurs de rang élevé; la **taxe pour la musique** est de 2 fl. par personne. En cas de séjour peu prolongé. on paie, à partir du quatrième jour, 30 kr. par jour pour les deux taxes.

La **liste des étrangers,** paraissant deux fois par semaine à l'imprimerie J. Habacher, se trouve aussi à la librairie E. Mänhardt.

Inspection de tout ce qui concerne la ville d'eaux: au secrétariat de la mairie (Hôtel de ville, 1er étage).

Parcs et promenades[1].

L'Esplanade, longue allée ombreuse au bord du lac, est la plus belle promenade de Gmunden. Il s'y trouve une pâtisserie-café, un pavillon où l'on sert des eaux minérales et autres boissons, et le kiosque de la musique. A l'entrée de l'Esplanade, sont amarrés les canots de promenade.

La **parc de la ville (Stadtpark)** ($\frac{1}{4}$ d'h.), avec de jolies plantations, des sentiers commodes,

---

1. Comme précédemment, les chiffres entre parenthèses après les lieux d'excursion indiquent la distance de la ville, calculée pour une marche moyenne.

un plateau ombreux, des bancs, et une place de lawn-tennis. — Cinq minutes plus loin que la sortie supérieure, en suivant la Satoristrasse,

le **parc Satori** (20 min.), dans la plus belle situation. C'est une propriété particulière, avec de superbes promenades et points de vue, des jets d'eau, des massifs de fleurs, des bosquets ombreux, une laiterie et un chalet suisse, le tout mis généreusement par le propriétaire, M. Franz Miller von Aichholz, à la disposition du public.

Le **Hochkogl** (¹/₄ d'h.), une colline isolée, assez escarpée, couronnée d'un belvédère dit *Marienwarte*.

La **Wunderburg** (10 min.), restaurant avec jardin sur l'emplacement d'un ancien château. Belle vue sur le lac.

A côté, le **Calvarienberg** (¹/₄ d'h.), calvaire surmonté d'une chapelle, offrant la plus belle vue sur le lac et Gmunden au premier plan.

La **promenade Kronprinz Rudolf** (¹/₂ h.); on y arrive en suivant un joli sentier à plat, offrant l'après-midi une ombre agréable, le long de la rive gauche de la Traun, puis en passant le pont dit Marienbrücke. Dans une belle forêt de sapins, qui offre quantité de jolis sentiers, l'auberge *zur Marienbrücke*. — En traversant cette forêt, puis la route de Linz, parallèle à la Traun, on arrive, au-delà d'une autre petite forêt, au *château du duc de Cumberland*.

Sur la rive droite du lac (d'après le cours de la Traun), un chemin commode traversant le faubourg de Traundorf puis celui de Weyer, mène à plusieurs jardins-restaurants espacés le long du lac, au bas du Grünberg: *Echo* (20 min.), où, près de là. se trouve un bel écho; *Grünbergergut* ($^1/_2$ h.); *Prillinger* ou *Steinhaus* (40 min.); *Kleine Ramsau* (1 h.; voir ci-après), et, 10 minutes plus loin, *Hoisengut* ou *zum Traunstein.*

Excursions plus éloignées.

Les châteaux d'Ort (20 min.), dont l'un est sur une île dans le lac, et où l'on se rend par l'Esplanade puis par un chemin partant, à gauche, de l'Elisabethstrasse.

Ces châteaux, actuellement propriété de la famille de Toscane, remontent au XIe siècle (celui du lac) et au XIVe siècle; ils appartinrent autrefois à la famille des seigneurs d'Ort, puis aux ducs d'Autriche, qui en investirent différents vassaux. Le plus connu parmi ces propriétaires successifs est le commandant des troupes autrichiennes dans la guerre des Paysans, le comte Adam Herbersdorff, dont la sépulture se trouve dans l'église voisine d'Altmünster. De ces châteaux dépendaient de grandes propriétés et plusieurs milliers de sujets.

Le château du lac est relié à la terre par un pont long de 130 mètres, et sert maintenant de résidence au curé de la paroisse d'Ort, dont la chapelle se trouve là, et à des employés de l'administration des forêts.

Le château de terre a été renouvelé ces dernières années d'après les anciens plans; l'entrée n'en est pas permise. A côté, est la *villa de la grande-duchesse de Toscane.*

D'Ort, par la route de voitures qui suit le lac et passe devant le magnifique *château du duc de Württemberg*, on arrive à

Altmünster ($^3/_4$ d'h.), village de 300 habitants (auberge Vesco, avec jardin en terrasse offrant une belle vue).

Altmünster est, dit-on, la plus ancienne localité de la contrée. On en donne comme preuves des trouvailles d'antiquités païennes, une intéressante pierre tumulaire romaine encastrée dans le mur de l'église, et l'appellation : *antiquissima parochia* sur les anciens documents. Un monastère qui y existait (d'où le nom du village : Vieux monastère) fut détruit en 943 par les Huns ; il fut rétabli 200 ans plus tard sous le nom de Neumünster (Nouveau monastère) sur la presqu'île où se trouve aujourd'hui Traunkirchen.

L'église, intéressante, est composée de parties remontant à trois époques différentes : son vieux clocher, peut-être tour romaine à l'origine, sa nef gothique, et son sanctuaire Renaissance bâti de 1620 à 1629 par le comte Herbersdorff. Elle renferme un bel autel en bois sculpté, dû à Schwanthaler de Gmunden au siècle dernier, un tableau de Sandrart, plusieurs anciennes pierres tombales (parmi lesquelles celle du comte Herbersdorff), et, dans la chapelle de Tous les Saints, un remarquable autel en terre cuite, de style Renaissance.

Ebenzweier (10 min. plus loin), station de chemin de fer, possède un *château*, dont l'origine remonte à 1292 ; il appartint au comte de Chambord et est maintenant en la possession de Don Alfonso de Bourbon. Dans le même bâtiment est l'école des filles, dirigée par des Sœurs. — A côté, l'auberge Reiberstorfer avec jardin dans un joli site.

Le **Gmundnerberg** (822 m. ; 1 h. $\frac{1}{2}$; guide [non nécessaire], 1 fl.) offre une très belle vue du lac et des montagnes. On y monte à travers le parc Satori ; chemin indiqué.

Rabenmühle (2 h.), auberge dans un site très pittoresque, à 5 minutes de la station de chemin de fer *Aurachkirchen*.

Baumgarten (³/₄ d'h.) bonne auberge avec jardin, sur la route de Scharstein; but d'excursion très goûté.

Le **Grünberg** (1004 m.) offre sur ses pentes plusieurs jolies excursions:

sur le côté nord (en suivant à partir de l'auberge de Weyr, le chemin marqué blanc et rouge), **Sieberroith**, ou régulièrement **Silberroith** (³/₄ d'h.), maison de paysan et en même temps simple auberge. Du petit kiosque situé 5 minutes plus haut, vue superbe sur Gmunden, le lac et la vallée de la Traun;

la **Himmelreichwiese** (1 h. ¹/₄) par Traundorf et la Georgstrasse en tournant à droite près de l'église protestante (chemin marqué rouge et jaune). A la lisière supérieure de la forêt, le point de vue dit *Panoramensitz;*

le **Hochgschirr** (994 m.; 2 h. ¹/₄; guide, 1 fl.), petit pavillon au sommet du Grünberg. offrant une vue magnifique. De là, sur le flanc de la montagne, par la Radmooswiese, en ³/₄ d'h , au *Laudachsee* (voir plus bas).

Franzl im Holz (1 h. ¹/₂; guide, 1 fl.), propriété de paysan située sur le côté E. du Grünberg dans une jolie vallée, est le but d'une excursion d'après-midi très goûtée et offre un chemin commode pour l'ascension au Laudachsee. On y va par Traundorf et la vallée du *wasserlosen Baches* (le Ruisseau desséché) (chemin marqué rouge et bleu).

Le **Laudachsee** (632 m.; 2 h. ¹/₄; guide, 2 fl. 30), 1 h. plus loin que Franzl im Holz (chemin marqué rouge et bleu), est un petit lac d'une superficie d'environ 12 hectares, enfermé entre les murailles rocheuses du Traunstein, du Schrattenstein et du Katzenkogl. Descente par la Radmooswiese et le Hochgschirr, ou du premier de ces endroits, par un chemin en pente rapide (marqué rouge et jaune), à la Kleine Ramsau (1 h. $\frac{1}{4}$) ou à Hoisen (1 h. $\frac{1}{2}$), au bord du lac.

Excursions en bateau.

Deux bateaux à vapeur, l'un suivant la rive droite, l'autre la rive gauche du lac, font continuellement le service entre Gmunden, Traunkirchen et Ebensee.

Sur la rive gauche du lac, les localités ci-dessus désignées: *Ort, Altmünster* et *Ebenzweier*.

Sur la rive droite, qui offre plus de variété, les jardins-restaurants ci-dessus nommés: *Echo, Prillinger, Kleine Ramsau, Hoisengut*. Plus loin aussi, au bord du chemin qui longe le lac, après plusieurs carrières de pierre et des fours à chaux, *Staininger*, halte du bateau à vapeur.

$\frac{1}{4}$ d'h. plus loin commence un sentier des plus pittoresques dit le *Miesweg*, immédiatement sous les rochers à pic du Traunstein qu'on a dû faire sauter par places, muni, pour plus de sûreté, d'une corde en fils de fer tressés, et atteignant au bout de 20 minutes le pied de la **Lainaustiege,** escalier taillé dans le roc et conduisant à 40 mètres au-dessus du lac.

Une heure plus loin, par la route qui suit le torrent de Lainau et se dirige vers Grünau, le chalet dit **Mair-Alm,** où l'on peut se restaurer. Ici est le point de départ pour l'ascension du Traunstein.

Plus loin que la Lainaustiege, au bord du lac aussi, est **Karbachmühle**, autrefois moulin de Karbach, maintenant simple demeure de garde-forestier, au pied de l'Erlakogl. Dans les environs, à ½ h. de là, la *chute de Karbach*, remarquable seulement après les pluies. D'ici l'on monte au *Röthelsee* (voir page 53).

Promenades plus éloignées et excursions de montagne.

La chute de la Traun (Traunfall), à 3 h de Gmunden, au nord. Le fleuve tombe d'une hauteur de 13 m. ½ d'une arête de rochers barrant son lit, et forme, surtout quand les eaux sont hautes, un spectacle des plus imposants. On peut s'y rendre, soit en voiture par la Lambacher-strasse en 1 h. ½ (voiture à un cheval, 3 fl. 50; à deux chevaux, 6 fl.), soit par le chemin de fer de Lambach jusqu'à la station Traunfall, d'où un chemin indiqué, à travers la forêt, y conduit en ¼ d'h; soit enfin par les bateaux à sel qui, d'ordinaire, descendent la Traun le jeudi et le vendredi, à condition qu'il y ait suffisamment d'eau (prix, 1 fl. 50); ce parcours en bateau sur les eaux rapides du fleuve à travers plusieurs déversoirs, entre des rives pittoresques, et enfin sur le canal, long de 393 mètres, dit „la bonne chute" aménagé le long de „la chute sauvage" et qu'on descend en une minute avec une rapidité vertigineuse, est très intéressant, tout à fait sans danger et, par conséquent, recommandé à tout le monde. On descend de bateau quelques centaines de pas au-dessous de la chute. Le meilleur endroit pour voir la chute principale est le pont, et, pour la partie supérieure, le bâtiment de l'éclusier construit au-dessus. Auprès du pont, bonne auberge.

En allant à Traunfall, ¾ d'h. avant d'y arriver, on passe devant la grande fabrique de papier de **Steyrermühl**, la plus importante de la contrée, occupant près de 700 ouvriers.

Grünau. Par la route carrossable qui passe à St-Conrad et à Mühldorf (à gauche, le village de *Scharnstein* dont on fait volontiers le but d'une excursion spéciale; service d'omnibus deux fois par jour entre Gmunden [auberge zum Anker] et Scharnstein) puis par la jolie vallée de l'Alm, on atteint, au bout de 4 h. de voiture, Grünau. — Bonne auberge In der Scharten.

Quatre heures plus loin, en remontant le long de l'Alm et en passant devant *Habernau*, l'**Almsee** (589 m.), lac d'un vert sombre, long de près de deux kilomètres, large de moins de moitié, entouré de fertiles prairies et de sombres forêts, avec, au fond, les murailles rocheuses et abruptes du Todtes Gebirge. Sur la rive est une grande maison de garde forestier appartenant au monastère de Kremsmünster, et où l'on peut se restaurer.

Le **Traunstein** (1691 m.; 6 h.; guide, 4 fl.), la sentinelle avancée et visible de très loin, des Alpes de Haute-Autriche, a été rendu plus facilement accessible ces dernières années par les indications dont on a muni les chemins et par l'aménagement de sentiers sans danger. L'ascension du Traunstein, qui appartient aux chasses privées de l'empereur d'Autriche, n'est permise qu'avec une carte délivrée par la conservation des forêts et des domaines. En compagnie d'un guide autorisé, aucune carte n'est nécessaire. — Le mieux, pour cette ascension, est d'aller le soir coucher au chalet précité de Mair-Alm (3 h.) où se trouvent six lits et une couche de foin, et le matin, de bonne heure, de monter par le chemin marqué en rouge, passant en grande partie à travers des rochers, par le Touristenbründl (2 h.) et aboutissant, 1 h. plus loin, au sommet de la montagne. La vue sur les montagnes et la plaine est grandiose et fait un digne pendant à celle du Schafberg. ¹/₂ h. à l'E. du *Fahnenkogl* (Cime du drapeau), au-delà d'une sorte de plateau, la cime un peu plus haute dite *Pyramidenkogl* d'où l'on a un panorama semblable, mais comprenant en plus la vue à l'E.

Traunkirchen; à pied par la route des voitures, au delà d'Altmünster et d'Ebenzweier, en 2 h ; ou bien par le bateau (³/₄ d'h.) ou le chemin de fer. (Auberge zur Post près du débarcadère ; auberge Burgstaller avec terrasse donnant sur le lac). Le village est situé de la façon la plus pittoresque sur une langue de terre s'avançant dans le lac. Dans la *vieille église,* curieuse *chaire* sculptée avec personnages. Sur le promontoire rocheux, haut de 32 m., qui se dresse à pic dans le lac, la petite *chapelle de Saint-Jean.*

Les anciens documents sur Traunkirchen parlent d'un cloître de femmes fondé ici en 900 ou 902. Détruit en 943 par les Magyars, il fut rétabli en 1115 sous le nom de Neumünster (Nouveau monastère), ancienne appellation de Traunkirchen, par le margrave de Steyr Ottokár III, qui y plaça sa fille Atha comme abbesse. Sécularisé en 1566 (ou 1583, selon d'autres), il fit place à un collège de Jésuites, qui subsista jusqu'en 1773. Leurs grandes propriétés furent alors réunies à la seigneurie d'Ort.

La légende parle ici d'une jeune fille enfermée au couvent par ses parents, et que son bien-aimé, un chevalier dont le château s'élevait à Karbach, de l'autre côté du lac, allait revoir chaque nuit en traversant le lac à la nage. Une nuit, une tempête s'étant élevée, il fut englouti par les vagues, et, à la vue de son cadavre le lendemain, la jeune nonne se précipita dans les flots où il avait trouvé la mort.

L'ascension du **Sonnstein** (923 m.), tout près de Traunkirchen, est une belle excursion facile à faire de Gmunden en un après-midi. Une inscription sur la route d'Ebensee, à ¼ d'h. de Traunkirchen, indique le commencement du chemin, qui mène au sommet en 1 h. ½.

Une demi-heure avant Traunkirchen, en venant de Gmunden, se trouve l'auberge *Am Stein* avec jardin ombreux, près de l'embarcadère du bateau à vapeur et de la station de chemin de fer Traunkirchen.

La route qui se continue le long du lac, de Traunkirchen à Ebensee, tracée dans le rocher et coupée de plusieurs tunnels, est, à cause de de la variété et du pittoresque du décor, certainement une des plus belles d'Autriche. Sur un promontoire rocheux près de la route, se trouve un lion de pierre, élevé en mémoire de l'achèvement de la route en 1861. A l'extrémité de celle-ci, se trouve **Ebensee** (voir page 50).

Les **lacs de Langbath** (voir page 51) peuvent aussi se visiter directement de Gmunden, en prenant le chemin qui d'Ebenzweier (marques jaunes) conduit par le Grasberg en 2 h. ½ à *Neukirchen* (localité principale de la vallée de Viechtau, dont les habitants s'occupent surtout à la fabrication de jouets, de bibelots et d'usten- siles en bois), puis, suivant encore 1 h. la route des voitures dans une jolie vallée, atteint *Gross-*

Alm (bonne auberge); de là, en traversant la hauteur dite le Lueg, on arrive en 1 h. au dernier lac de Langbath.

De Gmunden au **lac d'Attersee**, le chemin (marqué jaune et rouge) passe par Pinsdorf, Dichtlmühle, ou bien (un peu moins escarpé) avant ce dernier endroit, tourne à droite, passe par le *Hongar* (943 m.; belle vue) et le Gahberg et aboutit soit à Weyregg, soit (si l'on tourne à droite en descendant) à Schörfling et à Kammer (6 h.).

Une excursion intéressante, à entreprendre par chemin de fer (près de la station d'Attnang, remarquer le beau château Renaissance de *Puchheim*), est la visite des mines de charbon et du bourg de **Wolfsegg**, à ½ h. de la station Manning - Wolfsegg. Situé sur les hauteurs S.-E. du Hausruck, ce lieu offre un panorama superbe de toute la chaîne des Alpes depuis l'Oetscher en Basse-Autriche jusqu'au Gaisberg près de Salzbourg, et d'une grande partie de la plaine. — Le long du flanc de la montagne, par un chemin agréable en forêt, on arrive en ¾ d'h. à **Kohlgrub** (bonne auberge), où se trouvent les mines de charbon. Intéressant funiculaire.

Excursions en voiture.

D'½ h. à 1 h : à Altmünster, Altmühle, Baumgarten, Dichtlmühle, Ebenzweier, Ohlstorf, Pinsdorf, Rabenmühle.

D'1 h. ¼ à 2 h.: à Ebensee, Neukirchen, Puchheim, Scharnstein, Stein, Steyrermühl, Traunkirchen, Vöcklabruck.

De 2 h. ¼ à 3 h.: à Grünau, Kammer, Langbathsee, Reindlmühl, Steinkogl, Traunfall.

De 3 h. ½ et plus: Almsee, Grossalm, Offensee.

Tarif des bateaux sur le lac de Gmunden.

DE	A	Tarif pour un rameur		Tarif pour deux rameurs	
		fl.	kr.	fl.	kr.
Gmunden	Traundorf	—	14	—	21
"	Weyer ou Ort	—	30	—	45
"	Grünbergergut	—	40	—	60
"	Prillinger	—	60	—	90
"	Altmünster	—	80	1	20
"	Englgut ou Kleine Ramsau	—	90	1	30
"	Ebenzweier ou Hochholz	—	90	1	30
"	Weitzug	1	—	1	40
"	Hoisengut	1	—	1	40
"	Staininger	1	20	1	60
"	Lainaustiege	1	30	2	—
"	Stein (Winkel)	2	20	3	30
"	Traunkirchen ou Eisenau	2	40	3	60
"	Karbach	2	80	4	20
"	Ebensee ou Rinnbach	3	60	5	40
Traundorf ou de la gare près du lac	Ort	—	30	—	45
"	Kleine Ramsau	—	80	1	20
"	Staininger	1	20	1	60
Pour chaque quart d'heure d'attente		—	10	—	15
Tarif à l'heure		—	60	—	90
Pour une compagnie de 8 personnes ou plus, par heure				1	—
Location de bateaux sans rameurs, par heure [1]	pour 1 personne			—	20
	pour 2 personnes			—	30
	pour 3 personnes et plus			—	40

1. En aucun cas, le batelier ne doit réclamer de rétribution personnelle.

Arrêté

concernant la navigation des barques sur le lac de Gmunden.

1o Dans le tarif précédent est aussi compris le retour; il ne peut donc être exigé un supplément de prix pour revenir.

2o On a droit à une halte d'un quart d'heure, sans payer de supplément.

3o Les bateliers n'ont pas le droit de réclamer un pourboire ou le paiement d'une dépense faite au cours de l'excursion.

4o Chaque batelier est obligé d'avoir avec lui le tarif et de le présenter à toute réquisition.

5o L'administration de la commune de Gmunden détermine l'emplacement des bateaux au bord du lac.

6o Tout batelier est tenu d'entreprendre sans objection et ponctuellement l'excursion demandée. Tout refus de le faire, à l'endroit où se tiennent les bateaux, surtout si ce refus est basé sur le faux prétexte d'une autre commande, est inadmissible et sera frappé d'une amende.

7o Le conducteur du bateau et ses aides sont tenus d'observer strictement l'ordonnance concernant la navigation sur le Traunsee.

8o La navigation dans la direction de l'écluse du pont de la Traun n'est, à cause du danger qu'elle offre, permise tout au plus que jusqu'aux bouées qui s'y trouvent.

9o On est prié d'adresser à la mairie les plaintes résultant d'une augmentation de tarif ou autres griefs fondés; dans le cas où ces infractions ne seraient pas, d'après l'ordonnance sur la navigation, sujettes à une peine sévère, l'administration les frapperait d'une amende de 2 à 10 florins, et au besoin d'un emprisonnement de 6 à 48 heures.

Sous préfecture imp. et roy. de Gmunden
le 23 juin 1892.

Le sous-préfet,
Aichelburg-Labia.

Ischl

Hôtel de l'Impératrice Elisabeth

dans la meilleure situation centrale

au bord de la Traun

dans le voisinage immédiat de la Promenade, du Curhaus et des Bains
Salon de lecture avec bibliothèque et nombreux journaux
français, anglais et allemands. — Fumoir. — Permis de pêche
dans la Traun.

Facilités pour pension

François Koch, propriétaire.

Ischl

—

Hôtel Austria

sur l'Esplanade

la place la plus fréquentée de la ville

dans l'ancien palais de l'archiduc Franz Carl

Grande salle à manger

Jardin-restaurant

Belles chambres à prix modérés

Omnibus à tous les trains

Voitures à l'hôtel

S. Sonnenschein
propriétaire.

Weissenbach sur le lac d'Attersee

Hôtel de 1er ordre avec cinq Dépendances

dans la situation la meilleure et avec la vue la plus belle sur tout le lac

Particulièrement recommandé à toutes les familles
à cause de sa bonne cuisine, de ses boissons excellentes
et du confort domestique qu'il offre

Bains dans le lac. Voitures. Bateaux. Emplacements de pêche.

On parle français   **Prix modérés**   English spoken

Johann Rötzer et Carl Antosch
propriétaires.

GMUNDEN und UMGEBUNG.

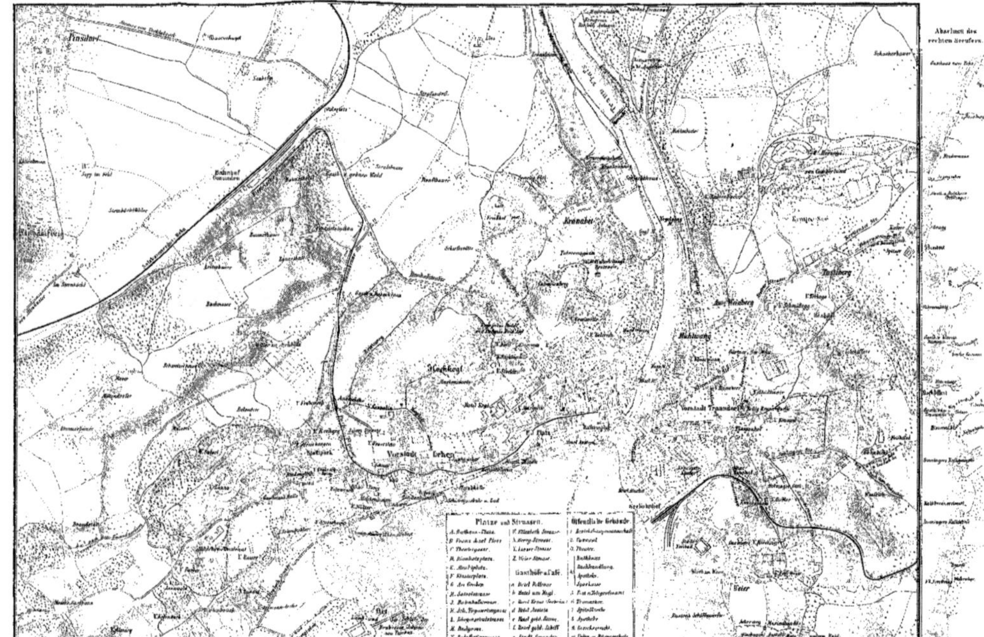